la couture
une introduction

Mary Jo Hiney

Apprenez à coudre de
façon professionnelle en
un rien de temps.

MODUS VIVENDI

© 2002 Mary Jo Hiney
Paru sous le titre original de : Sewing for the first time

© LES PUBLICATIONS MODUS VIVENDI INC.
pour la version française
3859, autoroute des Laurentides
Laval (Québec)
Canada
H7L 3H7

Design de la couverture : Marc Alain
Infographie : Modus Vivendi
Photographie : Kevin Dilley pour Hazen Imaging, Jil Dahlberg
Traduction : Marielle Gaudreault

Dépôt légal, 3e trimestre 2003
Bibliothèque nationale du Québec
Bibliothèque nationale du Canada
Bibliothèque nationale de Paris

ISBN : 2-89523-207-5

Nous reconnaissons l'aide financière du gouvernement du Canada par l'entremise du Programme d'aide au développement de l'industrie de l'édition (PADIÉ) pour nos activités d'édition. Gouvernement du Québec — Programme de crédit d'impôt pour l'édition de livres — Gestion SODEC

Les instructions écrites, les plans, diagrammes, patrons, illustrations et photographies contenus dans ce volume sont destinés à l'usage personnel du lecteur. Toute autre utilisation, particulièrement une utilisation commerciale, est interdite par la loi sans la permission écrite du détenteur des droits d'auteur. Nous avons fait tout en notre pouvoir pour nous assurer que les informations contenues dans ce livre soient exactes. Toutefois, en raison des circonstances, des habiletés individuelles et des différents types d'outillage, l'éditeur ne peut être tenu responsable des blessures, pertes ou autres dommages qui pourraient résulter de l'utilisation des informations contenues dans ce livre.

À cause du manque d'espace, nous avons choisi d'imprimer nos patrons en modèle réduit afin d'offrir un plus grand nombre de modèles à réaliser. Nous croyons que la qualité et la quantité des patrons proposés ne pourra que compenser pour tout inconvénient que ce choix pourrait poser.

À ma mère,
qui m'a enseigné des techniques
bien précises de couture,
qui m'a inspiré l'amour des tissus,
qui m'a encouragée à développer
le meilleur de moi-même
en me donnant un métier noble.
Merci, maman.

Table des matières

Coudre pour
la première fois . . . . page 8

Comment utiliser
ce livre . . . . page 9

Chapitre 1 :

Les articles
essentiels . . . . page 10

Comment choisir
une machine à coudre ? . . . . page 12

Quels fils
dois-je utiliser ? . . . . page 13

Quelles aiguilles de machines
à coudre dois-je utiliser ? . . . . . . page 13

Comment agrandir
un patron ? . . . . page 13

Quels instruments de mesure
dois-je utiliser ? . . . . page 14

Quels articles à tracer
dois-je utiliser ? . . . . page 15

Quelles épingles
dois-je utiliser ? . . . . page 16

Quels instruments pour tailler
dois-je utiliser ? . . . . page 17

Quels articles de repassage
dois-je utiliser ? . . . . page 18

De quelles aiguilles et fournitures ai-je
besoin pour coudre à la main ? . . . page 19

De quelles autres fournitures
de couture ai-je besoin ? . . . . page 20

De quels articles de mercerie
ai-je besoin ? . . . . page 21

Comment me servir
d'un couteau rotatif ? . . . . page 22

Chapitre 2 :

Techniques de base . . . . page 24

Comment réunir deux pièces
de tissu par une couture droite ?

Serviettes à main décorées . . . . . page 26

Comment couper le tissu
et faire une couture droite ?

Coussin de base . . . . page 28

Comment utiliser la surpiqûre
de façon fonctionnelle
plutôt que décorative ? . . . .

Un jeté de table réversible . . . . . . page 31

Comment faire une taie d'oreiller ?
Taie d'oreiller . . . . page 36

Quel point de couture et
quelle finition dois-je choisir
pour ma taie d'oreiller ? . . . . page 39

Comment poser une doublure ?
Sac à main doublé . . . . page 48

Comment faire des boutonnières à la
machine et coudre un bouton ? . . page 51

Comment poser un soufflet sur
un coussin et utiliser le point de
soutien pour consolider la couture ?
Coussin capitonné . . . . page 55

Comment utiliser les boutons
pour capitonner un coussin ? . . . . page 58

Comment faire une coulisse ?
Sac pour pyjama . . . . page 59

Comment poser une fermeture
à glissière apparente ?
Pochette avec fermeture à glissière page 63

Comment finir une bordure
avec un biais ?
Vide-poches suspendu . . . . page 67

Comment faire un volant ?
Coussin à volants . . . . page 72

Comment utiliser un patron du
commerce en suivant les instructions ?
Robe d'été pour enfant . . . . page 77

Comment coudre du velours ?
Cœur de velours . . . . page 84

Comment coudre du tissu transparent ?
Rideau transparent . . . . page 86

Comment coudre du molleton ?
Canard en peluche . . . . page 88

Comment coudre de la fausse fourrure ?
Un jeté pour piano . . . . page 91

Chapitre 3 :

Collection . . . . page 94

Glossaire . . . . page 206

Remerciements . . . . page 110

Charte d'équivalence métrique . . page 111

Index . . . . page 112

COUDRE pour la première fois

Savoir coudre est l'une des habiletés les plus précieuses qu'une personne peut posséder. C'est une habileté dont l'utilité dépasse l'imagination et qui vous permettra d'exprimer le meilleur de votre individualité tant au plan personnel qu'environnemental. Si jamais vous développez un goût pour la couture, c'est une richesse qui vous accompagnera tout au long de votre vie. À mon avis, lorsque vous vous mettez à la couture, l'engagement le plus important que vous devez prendre envers vous-même est celui de terminer ce que vous avez commencé.

Êtes-vous l'une de ces personnes qui ont de la difficulté à terminer leurs projets ? Vous n'êtes pas les seuls. Beaucoup de gens démontrent de l'enthousiasme durant la phase de planification ainsi que durant la phase de recherche des éléments ; toutefois, lorsqu'ils sont placés devant le vrai travail, ils perdent intérêt. Permettez-moi de vous donner quelques conseils qui, je l'espère, vous inspireront.

D'abord, si c'est possible, aménagez-vous un petit coin de couture qui n'aura pas à être démonté et remonté toutes les fois que vous aurez envie de faire de la couture. Ce nouvel aménagement de l'espace vous permettra sans aucun doute de commencer et surtout, de terminer vos projets. Dans ce petit coin, vous devez pouvoir installer votre machine à coudre de façon permanente, avoir assez d'espace pour ouvrir au besoin une planche à repasser et disposer d'un endroit pour mettre une boîte qui contiendrait vos travaux en cours ainsi que certains accessoires de couture. Vous pourriez peut-être utiliser un écran pour camoufler le coin de couture lorsque vous ne l'utilisez pas.

Deuxièmement, morcelez vos projets en plusieurs parties comme la planification, les achats, la coupe, l'assemblage et la finition. Considérez chaque partie du projet comme un but à atteindre. Ne vous attendez pas à commencer et à finir votre projet en une seule session. C'est irréaliste. Donnez-vous des petits buts à atteindre et tâchez de finir une partie du projet à la fois.

Troisièmement, apprenez à éprouver de la satisfaction dans votre travail. Nous souffrons tous d'un manque de temps chronique et, en tant que société, nous avons adopté la mentalité de la restauration rapide. Honnêtement, voudriez-vous vous nourrir exclusivement de « fast food » ? Si vous voulez vraiment prendre du plaisir à coudre tout au long de votre vie et produire des choses dont vous serez fier, vous devez vous débarrassez de cette mentalité « fast food », de mots racoleurs comme « rapide et facile ». Rien qui mérite que vous investissiez votre temps ne sera rapide et facile. Vous pouvez par contre faire, de votre travail, un travail rapide et facile en changeant votre attitude et en prenant plaisir à faire vos travaux de couture ou n'importe quel travail d'ailleurs.

Donc, essayez de vous faire un espace de travail petit mais permanent. Morcelez votre projet en différentes parties que vous considérerez comme autant de buts à atteindre. Plus important encore, n'oubliez pas d'apprendre à apprécier le travail, du début à la fin.

COMMENT utiliser ce livre

Ce livre fournit, à la personne qui coud pour la première fois, un guide détaillé des outils, accessoires et techniques nécessaires pour apprendre les rudiments de la couture.

Le livre a été fait dans le but de fournir un point de départ et d'enseigner les techniques de base. Plus vous ferez de la couture et plus vous deviendrez à l'aise avec ce nouveau médium qu'est le tissu. Accordez-vous un délai raisonnable pour compléter votre premier projet. Après tout, pour vous, c'est la première fois.

Vous découvrirez bientôt que les techniques de couture sont faciles à maîtriser, simplement en vous exposant au processus et en pratiquant. Soyez fier des habiletés que vous développez et sachez que vous contribuez à perpétuer un art ancien.

Un glossaire, à la fin du livre, vous aidera à définir certains mots ou termes avec lesquels vous n'êtes peut-être pas familiers. Il serait bon de commencer par y jeter un coup d'œil afin de déterminer si vous aurez à vous y référer souvent.

Le chapitre 1 vous guide dans l'achat d'une machine à coudre et vous familiarise avec les outils et fournitures dont vous aurez besoin pour commencer à coudre. Lorsque vous commencerez à coudre, vous serez peut-être fasciné par le grand nombre d'outils et de fournitures de couture offerts. Ne vous croyez pas obligé d'acheter tous les outils et fournitures qui existent. Toutefois, il est important de vous familiariser avec tous ces choix possibles.

Le chapitre 2 commence avec la technique de base — Comment réunir deux pièces de tissu par une couture

droite. La seconde technique se greffe sur ce que vous venez d'apprendre, ajoutant l'utilisation du ciseau pour faire la coupe, puis l'assemblage par une couture droite de votre ouvrage. Chaque technique subséquente est intégrée de la même façon, la nouvelle technique présentée étant intimement liée à la technique précédente. Si vous décidez de ne pas suivre cet ordre de progression, vous courez le risque de sauter une technique dont vous avez maintenant besoin pour réaliser votre projet. Vous pourrez vous familiariser avec cette technique qui vous manque en lisant attentivement les instructions et en vous pratiquant sur un bout de tissu.

Les quatre dernières techniques vous initient aux utilisations et aux différentes caractéristiques de certains tissus.

Le chapitre 3 vous présente une collection d'objets cousus conçus par des artistes et des professionnels de la couture et de l'artisanat. Ces œuvres d'art nous montrent tout ce qui est possible de faire en utilisant divers types de tissus. Nous espérons que ces ouvrages sauront vous inciter à créer vos propres chefs-d'œuvre.

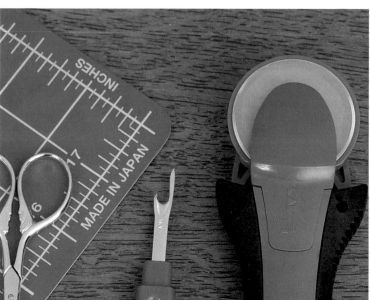

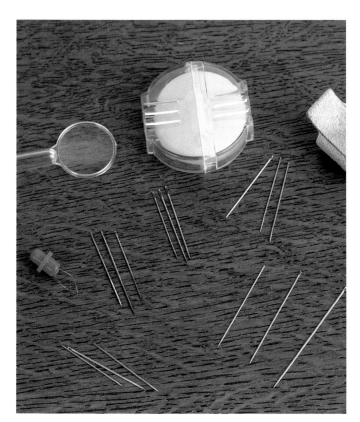

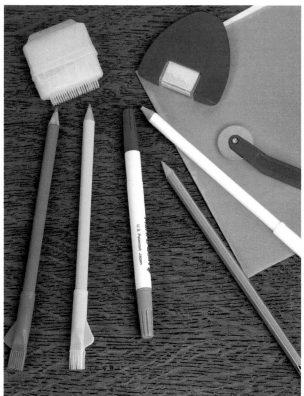

Chapitre 1
Les articles essentiels

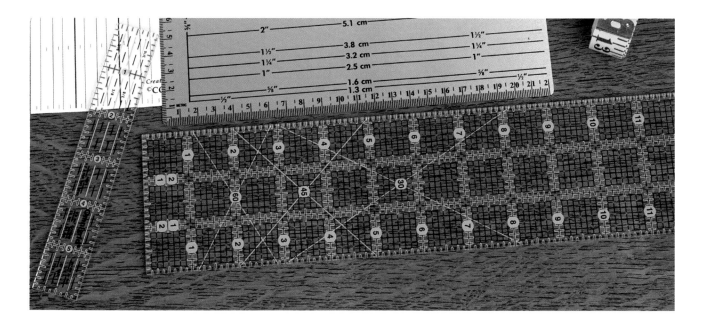

COMMENT choisir une machine à coudre ?

Les meilleures sources d'information quand il s'agit de choisir une machine à coudre sont les vendeurs de machines à coudre ainsi que les articles de revues de consommateur. Étudiez bien toutes les fonctions offertes par les différentes machines afin de faire un choix éclairé. Le choix est vaste, des machines à coudre traditionnelles à celles programmées par ordinateur. Dans vos recherches, tâchez de déterminer quelle machine à coudre saura combler vos besoins présents et à venir.

La plupart des vendeurs de machines à coudre offrent des cours à leurs clients, ce qui vous permet de vous familiariser avec toutes les fonctions de votre nouvelle machine à coudre.

Vous pouvez aussi acheter une machine à coudre usagée.

Si vous possédez déjà une machine à coudre, le livret d'instructions est la meilleure source d'information pour connaître le fonctionnement de votre machine. Qu'elle soit neuve, usagée ou déjà en votre possession, nous vous recommandons de vous familiariser avec votre machine en prenant le temps de vous exercer à maîtriser chacune de ses fonctions. Apprendre à connaître à fond votre machine à coudre peut s'échelonner sur plusieurs années, au fur et à mesure que vous devenez de plus en plus habile en couture.

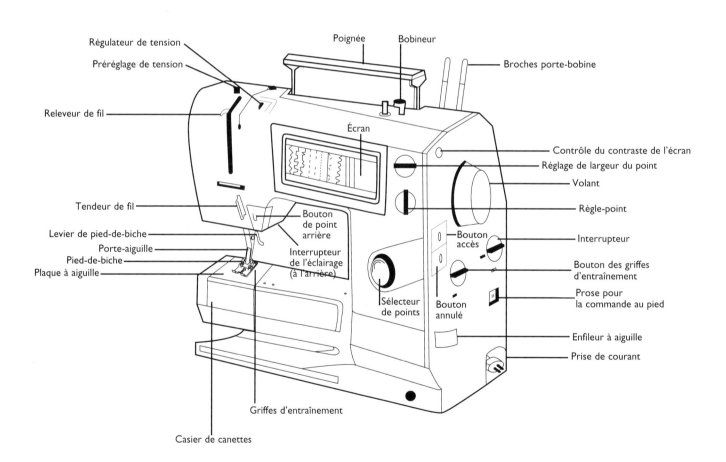

Régulateur de tension
Préréglage de tension
Releveur de fil
Tendeur de fil
Levier de pied-de-biche
Porte-aiguille
Pied-de-biche
Plaque à aiguille
Bouton de point arrière
Interrupteur de l'éclairage (à l'arrière)
Sélecteur de points
Bouton annulé
Casier de canettes
Griffes d'entraînement
Poignée
Bobineur
Écran
Broches porte-bobine
Contrôle du contraste de l'écran
Réglage de largeur du point
Volant
Règle-point
Bouton accès
Interrupteur
Bouton des griffes d'entraînement
Prose pour la commande au pied
Enfileur à aiguille
Prise de courant

Cette illustration est présentée à titre d'information générale seulement.
La position des parties décrites peut différer selon les marques de machines à coudre.

Quels **FILS** dois-je utiliser ?

Les fils tout usage sont le fil de polyester recouvert de coton et le fil 100 % polyester. Ce sont les deux types de fils que vous utiliserez le plus souvent pour coudre à la machine. Ces fils sont disponibles dans un grand éventail de couleurs. Le fil de polyester recouvert de coton et le fil 100 % polyester sont très résistants et durables.

Choisissez un fil dont la teinte s'apparente à celle de votre tissu ou qui est légèrement plus foncée. Si votre machine à coudre date déjà de quelques années, il se pourrait que l'utilisation du fil de polyester recouvert de coton soit plus indiquée que celle du fil de polyester. Le fil 100 % coton et le fil de soie sont aussi couramment utilisés pour coudre à la machine. Ces fils ont une qualité esthétique certaine, mais comme ce sont des fibres naturelles, elles se détériorent plus rapidement.

Il existe beaucoup d'autres types de fils pour machine à coudre, réservés à certains usages bien précis, que vous désirerez peut-être un jour utiliser comme les cordonnets à boutonnière, les fils à surpiqûre pour denims, les fils à broder à la machine, les fils métalliques et décoratifs, les fils à surjeteuses, les fils à courtepointe à la machine, les fils pour la lingerie, les fils invisibles et fondants ainsi que les fils à bâtir et à repriser.

Quelles **AIGUILLES** de machine à coudre dois-je utiliser ?

Consultez votre livret d'instruction, pour connaître le type d'aiguille à utiliser pour le tissu que vous projetez coudre. En général, vous pouvez vous procurer, dans les commerces, un paquet contenant trois ou quatre grosseurs différentes d'aiguille. Si vous avez des bords de jeans à faire, il serait très pratique de vous procurer l'aiguille pour la toile et le denim.

Au fur et à mesure que vous progresserez en couture, vous voudrez certainement apprendre à vous servir des aiguilles plus spécialisées qui sont conçues pour vous faciliter la tâche. Ces aiguilles bien spécifiques sont les aiguilles pour travailler le cuir, l'imitation de cuir, les aiguilles à surpiqûre, à broderie, à ourlet, les aiguilles doubles ou triples et les aiguilles à ressort.

COMMENT agrandir un patron ?

1. Faites une photocopie du ou des patrons de ce livre que vous voulez utiliser à un centre de photocopie près de chez vous.

2. Agrandissez le ou les patrons jusqu'à ce que vous atteigniez les pourcentages spécifiés. Il sera probablement nécessaire de recopier plusieurs fois les photocopies afin d'y arriver.

3. Superposez et collez ensemble les pièces agrandies du patron.

4. Retenez que vous pouvez changer la dimension des patrons proposés dans ce livre en déterminant la nouvelle taille et en ajustant la quantité de métrage en conséquence.

Quels **INSTRUMENTS** de mesure dois-je utiliser ?

1 Jauge à ourlet

Cette jauge à ourlet est utilisée pour mesurer l'ourlet pendant le pressage.

2 Guide à ourlet et à coupe

Un guide à ourlet et à coupe est un autocollant qui doit être collé sur votre machine à coudre.

3 Calibre pour couturière

Un calibre pour couturière, muni d'un repère coulissant est essentiel pour mesurer et marquer les ourlets, les boutonnières, les plis, les festons, etc.

4 Un Ruban à mesurer

Un bon ruban à mesurer le tissu est indispensable ! Ils sont disponibles en longueur de 1,5 m (60 po) et 3 m (120 po) À l'endos, on retrouve les mesures impériales.

5 Règle quadrillée transparente

Une règle quadrillée transparente est faite de plastique rigide ou flexible et est disponible dans plusieurs grandeurs. Cette règle quadrillée transparente est très utile lorsque l'on utilise un couteau rotatif.

CONSEILS :

- Les règles transparentes permettent de vérifier le sens et les repères du tissu.
- Des instruments spéciaux, appelés des courbes françaises, sont utilisés pour modifier les courbes des patrons.
- Les rubans à mesurer s'usent avec le temps. N'hésitez pas à les remplacer lorsqu'ils sont défraîchis.

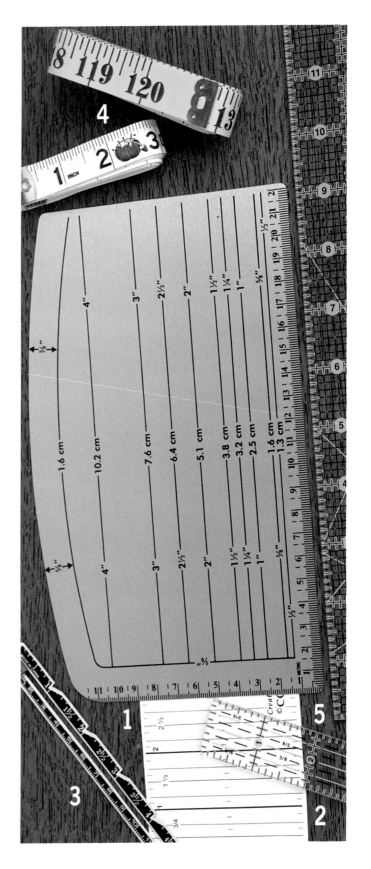

Quels ARTICLES à tracer dois-je utiliser ?

1 Crayon feutre à double usage

Nous recommandons l'utilisation de ce crayon feutre à double usage pour réaliser les projets qu'on vous propose dans ce livre. Rappelez-vous que les tissus que vous avez choisis ne sont peut-être pas compatibles avec ce crayon feutre, d'où l'importance d'avoir un autre outil de marquage. Un bout contient de l'encre bleue qui s'enlève à l'aide d'un chiffon humide. L'autre extrémité contient de l'encre violette qui disparaît au bout de 48 heures.

2 Crayon de couturière

On peut se procurer des crayons de couturière bleus, roses, blancs et argent. Les marques s'enlèvent avec un chiffon humide.

3 Craie de tailleur

Les craies de tailleur servent à marquer les détails et les modifications du bâti sur le tissu.

4 Roulette à tracer

Une roulette à tracer est utilisée pour reporter les tracés du patron sur le tissu. On l'utilise avec le papier-calque.

5 Papier-calque

Utilisé avec une roulette à tracer ou un crayon à bille, le papier-calque sert à transférer les marques et les contours du patron pour faire de la broderie ou du petit point.

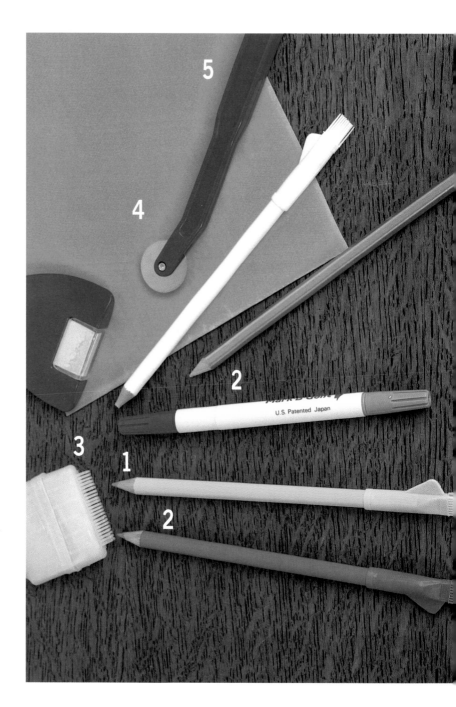

Quelles ÉPINGLES dois-je utiliser ?

1 Pelote à épingles / support magnétique à épingles

a. La pelote à épingles classique en forme de tomate possède un coussinet rempli de poudre d'émeri. L'émeri sert à aiguiser et à nettoyer les aiguilles à coudre. Nous vous recommandons cette pelote pour ranger vos aiguilles à coudre.

b. Le support magnétique s'avère utile pour retenir les épingles. Il suffit de « lancer délicatement » les épingles vers le support dont le champ magnétique est habituellement assez puissant pour happer les épingles.

2 Épingles

Les épingles sont essentielles pour tout projet de couture. Elles sont de grosseur et de longueur variables. Les épingles à tête de verre ou de plastique sont pratiques pour les travaux de couture de base et sont faciles à manipuler.

Les épingles en acier nickelé résistent à la rouille et à la corrosion et adhéreront aux supports magnétiques.

a. Les épingles de 2,7 cm (1po 1/16) à tête ronde ont une longueur idéale pour utiliser sur des tissus légers à moyennement lourds.

b. Les épingles de 3,5 cm (1po 3/8) à tête ronde, très fines, sont indispensables lorsqu'on travaille avec des tissus délicats qu'on doit assembler à la machine.

c. Les épingles de 3,2 cm (1po 1/4) à tête plate, extrêmement fines, sont de mise pour travailler les tissus fins et délicats ou les tissus en microfibres.

d. Les épingles de 3,8 cm (1po 1/2) à tête ronde et à tige fine, sont idéales pour faire du matelassé et d'autres projets de décoration pour la maison.

e. Les épingles à tête ronde de 4,4 cm (1po 3/4) sont très longues et sont indiquées pour travailler avec des tissus épais ou avec plusieurs couches de tissus superposées.

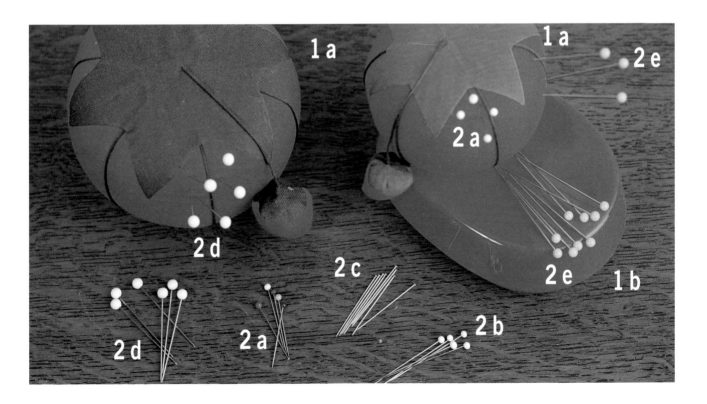

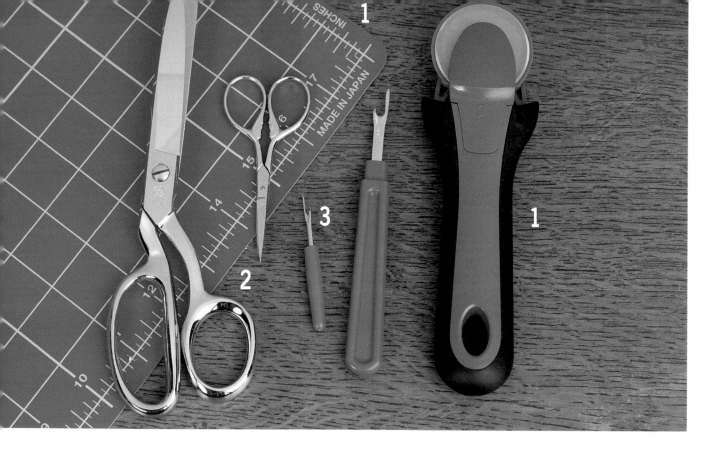

Quels **INSTRUMENTS** pour tailler dois-je utiliser ?

1 Couteau rotatif, règle quadrillée et tapis de découpe

Le couteau rotatif est un instrument qui ressemble et qui fonctionne comme une roulette à découper la pizza. À l'origine, on l'utilisait pour faire du matelassé. C'est un manche surmonté d'une lame circulaire aussi coupante qu'une lame de rasoir, lame qu'on peut couvrir lorsque l'on ne se sert pas du couteau. Les lames peuvent être remplacées.

Même si son usage demande une certaine pratique, beaucoup de gens le préfèrent aux ciseaux conventionnels, particulièrement pour faire des coupes droites. Toutefois, l'usage du couteau rotatif ne se limite pas seulement aux coupes droites.

Le couteau rotatif s'utilise avec une règle quadrillée et un tapis de découpe. La surface du tapis de découpe absorbera l'impact de la lame. Il est préférable de choisir un tapis de découpe qui a un quadrillé comportant des repères précis. Un grand tapis de découpe peut faire partie intégrante de votre coin couture.

2 Ciseaux

Si vous devez acheter des ciseaux, choisissez des ciseaux qui ont des lames très coupantes. De bons ciseaux vous facilitent la tâche et, pour peu que vous investissiez dans l'achat de ciseaux de qualité, ils pourront vous durer toute votre vie !

Vous aurez besoin de deux paires de ciseaux, une paire de ciseaux coudés et une paire de petits ciseaux de couturière. Vous vous servirez la plupart du temps des ciseaux coudés. Il existe sur le marché des ciseaux coudés très légers qui rendent la coupe du tissu très facile sans que les mains aient à forcer. Les petits ciseaux de couturière serviront à égaliser les coutures.

3 Découseur

Quelquefois, des erreurs se produisent et vous aurez besoin d'un découseur pour découdre un ou deux points ou même une couture entière. Les découseurs sont disponibles en plusieurs tailles.

Quels articles de **REPASSAGE** dois-je utiliser ?

1 Coussin de tailleur

Un coussin de tailleur sert à donner une forme aux pinces, aux coutures arrondies et aux emmanchures.

2 Pattemouille

La pattemouille est absolument essentielle pour protéger les tissus pendant le repassage.

3 Rouleau pour les coutures

Le rouleau pour les coutures sert à repasser les coutures longues et étroites. Le rouleau pour les coutures empêche que les rentrées de couture ne marquent le tissu.

4 Jeannette

On utilise la jeannette pour repasser les manches et les endroits difficiles à atteindre. C'est un investissement qui vaut son pesant d'or !

5 Vaporisateur

Il est bien utile d'avoir une bouteille d'eau munie d'un vaporisateur pour humidifier la pattemouille lorsque que l'on repasse.

6 Fer à vapeur et planche à repasser

Un fer à vapeur avec semelle anti-adhésive est essentiel en couture. Vous aurez aussi besoin d'une planche à repasser de grandeur normale ou une version un peu plus petite qui s'installe sur une table.

Conseils :

- Toujours vérifier la résistance à la chaleur d'un tissu à partir d'un échantillon. Un fer trop chaud peut faire fondre ou abîmer les fibres.
- Lorsque vous repassez, n'exercez qu'un minimum de pression et repassez dans le sens du tissu. Pour repasser une autre section, il est préférable de lever le fer.
- Enlevez les épingles du tissu avant de repasser, elles pourraient égratigner la semelle de votre fer.

Quelles **AIGUILLES** et fournitures ai-je besoin pour coudre à la main ?

1 Aiguilles à boule

On utilise des aiguilles à boule pour coudre des tissus extensibles ou des jerseys.

2 Aiguilles à broder

Les aiguilles à broder sont pratiquement identiques aux aiguilles pointues sauf qu'elles ont un chas plus large.

3 Aiguilles à cuir

Les aiguilles à cuir ont une pointe triangulaire pour pénétrer à travers le cuir sans le déchirer.

4 Aiguilles de modiste

Les aiguilles de modiste sont longues avec un chas petit et arrondi. On les utilise pour faufiler et broder.

5 Aiguilles pointues

Les aiguilles pointues sont employées pour la couture courante.

6 Cire d'abeille

Avant de coudre à la main, on passe le fil dans la cire d'abeille. Cette opération évite au fil de s'emmêler et le rend plus solide.

7 Enfile-aiguille

L'enfile-aiguille est un instrument qui permet d'enfiler les aiguilles rapidement et facilement. Il est souvent vendu avec une loupe.

8 Dé à coudre

Le dé à coudre sert à protéger les doigts. Il faut beaucoup de pratique et de détermination pour s'en servir.

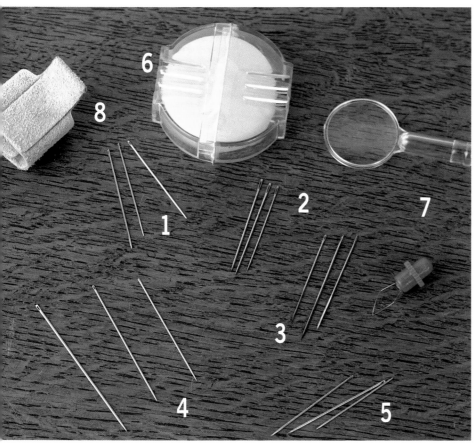

Conseils :

- Changez souvent d'aiguille. Une aiguille déformée ou émoussée peut ruiner un tissu.
- Les aiguilles sont calibrées par numéro. Plus le nombre est grand, plus l'aiguille sera courte et fine.

De quelles autres **FOURNITURES** de couture ai-je besoin ?

1 L'ourlet thermocollant

Un ruban adhésif des deux côtés, parfait pour faire un ourlet rapidement.

2 L'aiguille passe-lacet

L'aiguille passe-lacet est utilisée pour insérer un ruban ou un élastique dans une coulisse, pour retourner un biais entubé ou passer des rubans.

3 Guide à élastique

Le guide à élastique empêche l'élastique ou le ruban de se tordre pendant qu'on l'insère dans la coulisse.

4 Produit anti-éraillure

Ce liquide scelle les bordures de tissu et de ruban et prévient l'effilochage.

5 Nettoyeur pour fer

Pour que votre fer à repasser dure longtemps, il est essentiel de le nettoyer. Le nettoyeur fait disparaître l'amidon et tout ce qui pourrait abîmer la semelle du fer.

6 Brosse

La brosse sert à nettoyer votre machine à coudre.

7 Tourneur

Le tourneur sert à retourner le biais.

8 Tourne-pointe

Un tourne-pointe aide à dégager les coins une fois le projet placé de sorte que le bon côté soit à l'extérieur.

9 Colle à tissu

On utilise de la colle à tissu pour faufiler et mettre en place les ourlets, les fermetures à glissière et les appliqués.

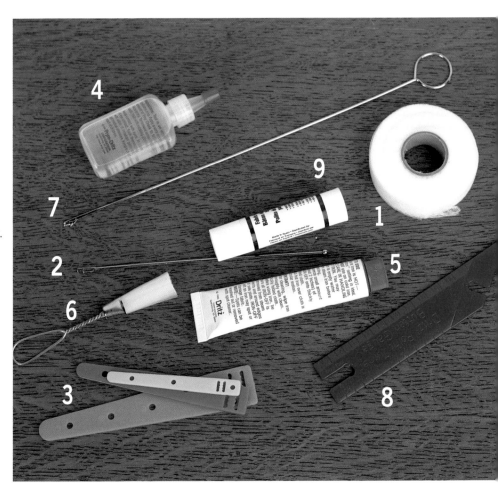

De quels articles de **MERCERIE** ai-je besoin ?

4 Entoilage

L'entoilage est utilisé pour ajouter une certaine forme et de la tenue à un vêtement ou à un accessoire en ajoutant du corps, une fermeté à un bord à une encolure, à un poignet, à un collet, à une poche, à une boutonnière, à d'autres détails de confection sans alourdir le tombé d'un tissu. Il existe deux types d'entoilage, à coudre ou à coller. L'entoilage ne doit jamais être plus lourd que le tissu extérieur.

Les toiles thermocollantes, tissées ou non tissées, sont enduites de colle sur un côté. On les fixe sur l'envers du tissu en utilisant la pression et la vapeur d'un fer chaud. Quelquefois, l'adhésif utilisé tachera le tissu extérieur ou empêchera le tissu de bien tomber. Pour éviter que cela ne vous arrive, faites un test avant d'installer la toile.

Les toiles à coudre, tissées ou non tissées, sont cousues à la main ou à la machine sur un vêtement ou un accessoire.

Toutes les toiles sont offertes dans une grande gamme de poids et de rigidité. Certains tissus comme l'organza, la batiste et la mousseline sont utilisés comme entoilage. Certains couturiers préfèrent utiliser le tissu extérieur comme toile.

1 Boutons

Le bon bouton est la touche finale à tout ouvrage de couture. Prenez le temps de choisir les boutons qui orneront vos travaux. Vous pouvez choisir des boutons à trous ou des boutons à tige.

2 Fermoirs

a. Les boutons-pression que l'on coud servent à fermer un vêtement ou un accessoire. Ils sont faits de nickel ou recouverts de peinture noire et sont disponibles en plusieurs grandeurs.

b. On utilise aussi les agrafes comme fermoirs. Les agrafes, en cuivre, en nickel ou recouvertes de peinture noire, sont disponibles en plusieurs grandeurs et styles.

3 Élastique

L'élastique est une bande étroite faite de caoutchouc ou de fibre extensible et dont on se sert en couture dans des buts très spécifiques.

5 Épingle de sûreté

Une grosse épingle de sûreté peut s'avérer très utile en couture. On l'utilise la plupart du temps pour passer un galon ou un ruban à travers une coulisse. Installez l'épingle de sûreté au bout du galon ou du ruban et passez-la à travers la coulisse.

6 Fils (voir page 13)

7 Fermetures à glissière

La fermeture à glissière conventionnelle a des dents en nylon ou en métal et mesure entre 20 cm (8 po) et 60 cm (24 po). Elle est offerte dans une grande variété de couleurs.

COMMENT me servir d'un couteau rotatif ?

1 Pliez votre tissu en deux, les deux côtés ensemble, en alignant bien les lisières comme dans l'illustration ci-dessous.

Note : Plier le tissu est la méthode pour doubler les épaisseurs. Ceci ne signifie pas pour autant que le patron sera « coupé » sur le pli. Les dimensions utilisées dans les ouvrages présentés représenteront la grandeur réelle des pièces de tissus coupées.

2 Placez le tissu plié sur le tapis de découpe de façon à ce que le pli soit parallèle au bord inférieur du tapis (vers vous) tel qu'illustré plus bas.

Alignez le bord plié sur la ligne quadrillée horizontale et le côté droit, sur la ligne quadrillée verticale du tapis de découpe. Le bord plié s'alignera parfaitement avec la ligne quadrillée horizontale, mais le côté ne s'alignera probablement pas avec la ligne quadrillée verticale. Le but est de couper le bord vertical qui est le droit-fil du tissu, de façon nette et précise.

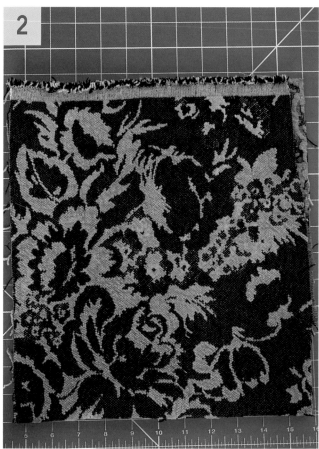

Conseils :

- Pratiquez-vous à utiliser le couteau rotatif et la règle quadrillée sur des bouts de tissus qui ont le même poids que celui que vous prévoyez utiliser.
- Assurez-vous que vous pourrez faire le tour de la table de coupe afin de pouvoir couper de différents angles.
- Si c'est impossible, assurez-vous de couper les pièces du patron de façon à pouvoir les tourner.
- Assurez-vous que le tissu est bien étendu et bien plié avant de commencer à couper.

3 Sur le côté plié du tissu, alignez une ligne horizontale de la règle quadrillée avec une ligne horizontale du tapis à découpe. Simultanément, alignez une ligne verticale de la règle quadrillée avec une ligne verticale du tapis à découpe tel qu'illustré plus bas.

4 En tenant fermement la règle en place d'une main et le couteau rotatif de l'autre, coupez le bord vertical du tissu en plaçant la lame du couteau rotatif contre le bord externe de la règle et en roulant la lame comme celle d'une roulette à pizza. Voir l'illustration plus bas. Faites attention à vos doigts. Toujours couper perpendiculairement à votre corps et jamais vers vous, toujours vers l'extérieur. C'est la façon la plus sûre de ne pas vous blesser et c'est aussi celle qui vous donne le plus de contrôle.

Replacez au besoin la règle quadrillée.

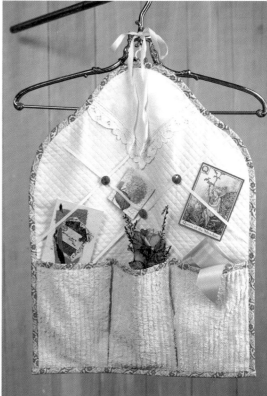

Chapitre 2
Techniques
de base

Comment réunir deux pièces de tissu par une couture droite ?

Toutes les machines à coudre exécutent la couture au point droit dans un mouvement vers l'avant. Il s'agit de contrôler le tissu pendant que vous cousez.

DES SERVIETTES DÉCORÉES

Coudre le ruban sur la serviette

1. Placez le ruban sur la largeur de la serviette, sur la bande tissée.

2. Repliez chaque extrémité du ruban par en dessous. Épinglez le ruban avec des épingles de couturière. Placez-les à la verticale à un intervalle de 5 cm (2 po) comme dans le diagramme A ci-dessous.

3. Consultez le glossaire à l'entrée point arrière à la page 108. Le point arrière sert à consolider la couture.

Consultez le glossaire à l'entrée point droit à la page 108. Faites une couture droite sur toute la longueur du ruban, le plus près possible du bord, comme dans le diagramme B ci-dessous. Enlevez les épingles au fur et à mesure que vous cousez.

Faire la finition de la serviette

1. Repassez le ruban en plaçant la serviette à l'envers.

Note : Le repassage est un élément clé à tout ouvrage de couture bien fait. Rappelez-vous qu'il existe différentes façons de repasser les tissus que l'on vient de coudre.

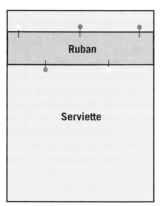

Diagramme A

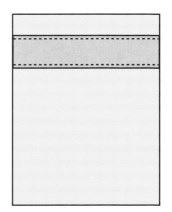

Diagramme B

Comment couper le tissu et faire une couture droite ?

Une coupe nette et précise est un jeu d'enfant lorsque l'on dispose de bons instruments, soit une paire de ciseaux bien affilés ou un couteau rotatif, un crayon pour tissu et une règle. Une couture droite est très facile à faire lorsque l'on utilise le guide installé sur la machine à coudre.

TECHNIQUE 2

Ce qu'il vous faut pour faire une housse de coussin de 30,5 cm (12 po) x 30,5 cm (12 po) :

- Instruments et fournitures de base, voir pages 12-21
- Une toile damassée, un mélange de lin et de coton, de 137 cm (54 po) de large pour le devant et le derrière.
- Un coussin carré de 30,5 cm (12 po)

Conseils :

- Lorsque l'on coud des pièces carrées ou rectangulaires de tissu pour en faire un coussin, les coins auront souvent l'air d'avoir été intentionnellement exagérés. Pour éviter ceci, réduisez graduellement, tout en cousant, les coins d'un 1/2 po.

HOUSSE DE COUSSIN DE BASE

Couper le tissu

1. Consultez : comment me servir d'un couteau rotatif ? aux pages 22-23. Coupez le tissu pour le devant et le derrière du coussin, un carré de 33 cm (13 po) comme dans le diagramme A ci-dessous.

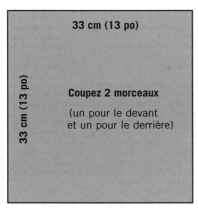

Diagramme A

Coudre les côtés

1. Placez le devant par dessus le derrière, endroit contre endroit du tissu, en prenant soin de superposer les deux pièces de tissu.

2. En commençant près d'un des coins, épinglez les deux épaisseurs de tissu ensemble en vous servant d'épingles de couturière que vous placez à la verticale à 5 cm (2 po) d'intervalle comme dans le diagramme B ci-dessous.

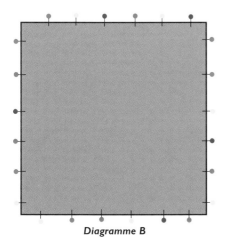

Diagramme B

3. Consultez le glossaire à l'entrée point arrière à la page 108. Le point arrière sert à consolider la couture.

Consultez le glossaire à l'entrée point droit à la page 108. Exécutez la couture en laissant un 1,25 cm (1/2 po) de part et d'autre de la couture.

Commencez par piquer l'aiguille de la machine à coudre dans le tissu à environ 3,8 cm (1 po 1/2) de l'un des coins comme dans le diagramme C ci-dessous.

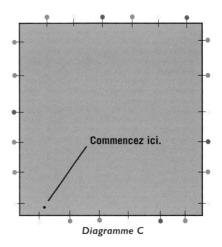

Diagramme C

Continuez à coudre sur une distance de 1 po. Prenez soin d'arrêter lorsque l'aiguille pique dans le tissu. Faites pivoter le carré et continuez à coudre. Arrêtez lorsque vous êtes à 1,25 cm (1/2 po) du coin : voir le diagramme D ci-dessous. Assurez-vous que l'aiguille est en position descendante et faites pivoter le carré de tissu. Enlevez les aiguilles au fur et à mesure que vous cousez.

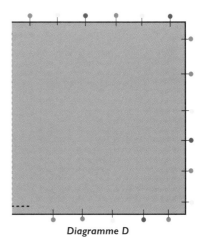

Diagramme D

Répétez l'opération jusqu'à ce que trois des côtés soient cousus. Finissez en cousant 2,5 cm (1 po) sur le quatrième côté comme illustré dans le diagramme E ci-dessous.

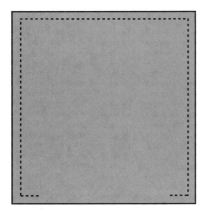

Diagramme E

La finition de la housse

1. Avec les ciseaux, coupez l'excédent de tissu à chaque coin tel qu'illustré dans les diagrammes F et G ci-dessous.

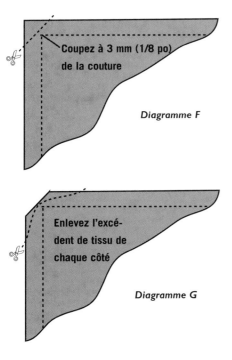

Coupez à 3 mm (1/8 po) de la couture

Diagramme F

Enlevez l'excédent de tissu de chaque côté

Diagramme G

2. Repassez la couture et le rentré de la couture d'un côté du tissu. Pour ce faire, pliez le rentré de la couture par-dessus le tissu tel qu'illustré dans le diagramme H à droite de la page et pressez. Répétez l'opération avec les quatre côtés.

Note : Ce repassage mettra la couture en valeur lorsque le tissu sera retourné. Contrairement au pressing qui consiste à ouvrir les rentrés de couture, le pressing utilisé ici n'ouvre qu'un seul rentré de couture. Cette méthode est utilisée lorsqu'il n'est pas possible d'ouvrir les deux rentrés de couture.

3. Repassez le rentré de couture sur la quatrième face.

4. Retournez la housse en passant la main à travers l'ouverture du bas. Utilisez un tourne-pointe pour accentuer chaque coin.

5. Pliez le coussin en deux et insérez-le à travers l'ouverture de la housse.

6. Ajustez le coussin à la housse de façon à ce que les coins soient bien vis-à-vis.

7. À l'aide d'épingles, refermez l'ouverture puis faites une couture aussi près du bord que possible, tel qu'illustré dans le diagramme I ci-dessous.

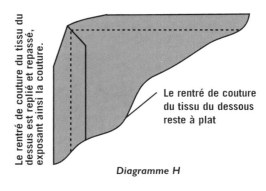

Le rentré de couture du tissu du dessus est replié et repassé, exposant ainsi la couture.

Le rentré de couture du tissu du dessous reste à plat

Diagramme H

Diagramme I

Comment utiliser la surpiqûre de façon fonctionnelle plutôt que décorative ?

Les surpiqûres se retrouvent sur beaucoup de vêtements et accessoires. Utilisées souvent comme décoration, les surpiqûres peuvent néanmoins servir à maintenir les épaisseurs de tissus ensemble.

UN JETÉ DE TABLE RÉVERSIBLE

Couper le tissu

1. Pliez le tissu du dessus en deux, les côtés ensemble, en alignant les bordures tel qu'illustré dans le diagramme A ci-dessous.

Placez le tissu plié, qui mesure 45,7 cm (18 po) de large x 68,6 cm (27 po) de long, sur un tapis à découpe, en alignant le côté plié sur la ligne quadrillée horizontale.

2. Consultez les pages 22-23, comment me servir d'un couteau rotatif ? Taillez la bordure droite du tissu pour qu'elle soit bien droite, en coupant le moins de tissu possible.

3. Mesurez 33 cm (13 po) à partir de la bordure que vous venez de tailler et faites des marques de repère en utilisant un crayon de couturière, tel qu'illustré dans le diagramme B ci-dessous.

Note : Si vous utilisez un tissu qui est incompatible avec l'utilisation du crayon de couturière, marquez vos repères avec des épingles placées à la verticale.

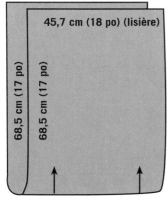

45,7 cm (18 po) (lisière)

45,7 cm (18 po) (lisière)

68,5 cm (17 po)

68,5 cm (17 po)

Diagramme A

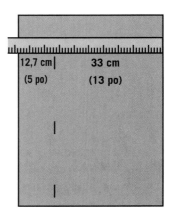

12,7 cm (5 po) **33 cm (13 po)**

Diagramme B

4. Répétez l'étape 2 de la page 31, en éliminant environ 12,7 cm (5 po) de tissu.

5. Répétez l'étape 1 de la page 31 avec le tissu en satin pour le derrière.

6. Répétez l'étape 2.

7. Répétez l'étape 3 de la page 31, en mesurant 38 cm (15 po) à partir de la bordure que vous venez de tailler.

8. Répétez l'étape 2, en éliminant environ 7,5 cm (3 po) de tissu.

Note : Comme les largeurs de tissu ne sont pas toutes standards, placez les deux rectangles de tissu ensemble, alignant lisière et bordure, et égalisez les tissus pour que les deux aient la même dimension (environ 137 cm [54 po]).

Coudre les longues bordures

1. Placez le devant sur le derrière, endroit contre endroit, en alignant l'une et l'autre des bordures.

2. Épinglez les deux épaisseurs de tissu avec des épingles de couturière placées à la verticale à 23 cm (9 po) d'intervalle.

Note : Assurez-vous de bien aligner les tissus en haut et en bas, soit les bordures plus courtes du rectangle.

3. Consultez le glossaire à l'entrée point arrière à la page 108. Le point arrière sert à consolider la couture.

4. Consultez le glossaire à l'entrée point droit à la page 108. Cousez au point droit en laissant un rentré de couture de 9 mm (3/8 po) comme sur la photo de droite. Enlevez les épingles au fur et à mesure que vous cousez.

5. Repassez la couture à plat comme sur la photo de droite. Pressez le rentré de couture vers le dessous du jeté.

6. Répétez les étapes 1-4 ci-dessus, en cousant l'autre longue bordure du rectangle. Toutefois, une ouverture devra être laissée afin de permettre de retourner le jeté de table. Pour ce faire, ne cousez pas la partie du centre, laissez un espace d'environ 10 cm (4 po).

Coudre les bordures courtes

Note : Les tissus doivent toujours être endroit contre endroit.

1. Positionnez le tissu de telle sorte que le devant soit bien centré au-dessus du derrière. Le derrière doit dépasser de 1,25 cm (1/2 po) de chaque côté du devant.

2. Épinglez et cousez l'une des bordures courtes en laissant un rentré de couture de 1,25 cm (1/2 po).

3. Répétez l'étape 2 ci-dessus et cousez l'autre petite bordure.

La finition du jeté de table

1. Revenez à la technique 2 : la finition de la housse, étape 1, à la page 30. Taillez l'excédent de tissu de chaque coin comme sur la photo plus bas.

2. Revenez à la technique 2 : la finition de la housse, étape 2, à la page 30. Repassez le rentré de couture du devant en le pliant comme sur la photo du bas.

3. Revenez à la technique 2 : la finition de la housse, étape 4, à la page 30. Retournez le jeté de table en le passant à travers l'ouverture comme sur la photo plus bas.

Note : Si nécessaire, une épingle peut être utilisée pour tirer doucement le tissu afin de faire ressortir le coin. Il faut prendre bien soin de ne pas tirer les fils du tissu.

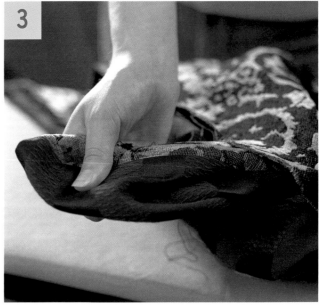

4. Ajustez le tissu de telle sorte qu'une bordure en satin de 1,25 cm (1/2 po) apparaisse le long des bords du devant et repassez la bordure de satin comme sur la photo plus bas.

5.Comme le rentré de couture est repassé vers l'arrière, le rentré de couture du devant glisse naturellement sous la bordure de 1,25 cm (1/2 po).

Enfilez une bonne longueur de fil à une aiguille pour coudre à la main et nouez ensemble les deux extrémités du fil.

6. Consultez le glossaire à l'entrée point d'ourlet à la page 107. Exécutez le point d'ourlet pour fermer l'ouverture comme sur la photo ci-dessous. Piquez l'aiguille dans le tissu damassé à une extrémité repliée de l'ouverture, camouflant ainsi le nœud dans le pli du tissu. Piquez ensuite l'aiguille dans le satin, repiquez l'aiguille dans le pli du tissu damassé et continuez de cette manière en faisant des points à des intervalles de 6 mm (1/4 po).

7. Consultez le glossaire à l'entrée surpiqûre à la page 108. Pour donner du corps au jeté de table, surpiquer les deux petites bordures et repassez.

8. Consultez le glossaire à l'entrée surpiqûre sur couture rabattue à la page 108. Afin de maintenir solidement ensemble les différentes épaisseurs de tissus, faites une surpiqûre sur couture rabattue, entre le devant et le derrière le long des longues bordures, tel qu'illustré plus bas et repassez. Pour ce faire, repassez la couture d'un côté, dans ce cas-ci, vers la doublure. Placez le jeté de table à l'endroit sur la machine à coudre. Faites passer l'aiguille dans la ligne de couture entre les deux pièces de tissu. Faites une couture le long des longues bordures à travers toutes les épaisseurs de tissu. Repassez et répétez les mêmes opérations de l'autre côté.

Note : La surpiqûre sur couture rabattue est une technique que l'on utilise pour aplatir une couture et pour joindre solidement toutes les épaisseurs de tissus. Cette technique donne aussi une certaine raideur au jeté de table. On peut l'utiliser sur des coutures qui ont été ouvertes au fer.

Comment faire une taie d'oreiller ?

TECHNIQUE 4

Quelques coutures droites et un simple ourlet suffisent. La taie d'oreiller est l'un des ouvrages les plus simples à réaliser. Avec un petit effort supplémentaire, une bande de tissu contrastante peut donner à votre ouvrage l'allure d'une pièce digne d'un designer.

LA TAIE D'OREILLER DE BASE

Couper les tissus

1. Consultez les pages 22-23, comment me servir d'un couteau rotatif ? Coupez le tissu pour la taie 2 x 71 cm (28 po) de large x 104 cm (41 po) de long, tel qu'indiqué dans le diagramme A ci-dessous.

Coupez le tissu pour la bande 2 x 28 cm (11 po) de large x 104 cm (41 po) de long, tel qu'indiqué dans le diagramme B ci-dessous.

Coupez le tissu pour la bandelette 2 x 3,75 cm (1 po 1/2) de large x 104 cm (41 po) de long, tel qu'indiqué dans le diagramme C ci-dessous.

TECHNIQUE 4-5

Ce qu'il vous faut pour faire une taie d'oreiller standard de 50,8 cm x 81,25 cm (20 po x 32 po)

- Instruments et fournitures de base, voir pages 12-21
- Coton, 112 cm (44 po) de large, pour la bande
- Coton, 112 cm (44 po) de large, pour la taie
- Coton, 112 cm (44 po) de large, pour la bandelette par-dessus la bande

71 cm (28 po)

Droit-fil

**Taie
Coupez un morceau
de tissu de coton
104 cm (41 po)**

104 cm (41 po)

Diagramme A

28 cm (11Po)

Droit-fil

**Bande
Coupez un
morceau de
tissu de coton**

104 cm (41 po)

Diagramme B

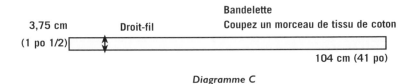

**Bandelette
Coupez un morceau de tissu de coton**

3,75 cm
(1 po 1/2)

Droit-fil

104 cm (41 po)

Diagramme C

Coudre la bande à la taie

1. Pliez la bandelette en deux, envers contre envers, en alignant les côtés l'un sur l'autre et repassez.

2. Épinglez la bandelette pliée à l'une des bordures de la taie avec des épingles de couturière placées à la verticale, en alignant les bords coupés.

3. Consultez le glossaire à l'entrée point de bâti à la machine, à la page 108. Exécutez le point de bâti en laissant une marge de 9 mm (3/8 po) tel qu'illustré plus bas. Enlevez les épingles au fur et à mesure que vous cousez.

Note : Le point de bâti facilite le maniement de la bandelette lorsque l'on coudra la bande à la taie. Comme la bande aura un rentré de couture plus large, les points de bâti ne paraîtront pas.

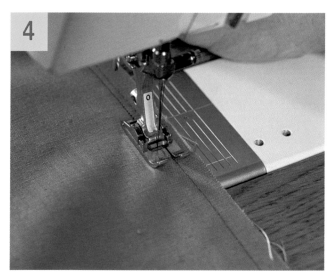

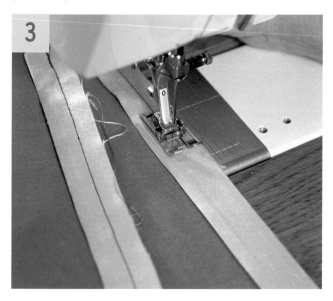

4. Consultez le glossaire à l'entrée point arrière à la page 108. Le point arrière sert à consolider la couture.

Consultez le glossaire à l'entrée point droit à la page 108. Épinglez et cousez un long côté de la bande à la taie et bandelette, endroit contre endroit, avec un rentré de couture de 1,25 cm (1/2 po) comme sur la photo en haut à droite.

5. Réduisez le rentré de couture à 6 mm (1/4 po). Repassez le rentré de couture vers la bande comme sur la photo du centre à droite.

Faire coïncider les coutures

1. Pliez la taie en deux, les côtés ensemble, en alignant les côtés courts tel qu'illustré dans le diagramme D à droite.

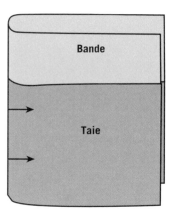

Diagramme D

2. Pour ajuster parfaitement les coutures aux intersections, entrez une épingle de couturière dans l'épaisseur supérieure du tissu (envers de la couture qui vous fait face) à travers la ligne de couture dans le rentré de couture.

Dirigez l'épingle à travers la couture qui lui fait face comme dans la photo ci-dessous.

3. Pour vous assurer que l'ajustement des coutures soit parfait, épinglez les épaisseurs de tissu ensemble de chaque côté de la première épingle à un intervalle de 1/8 po. Voir photo ci-dessous.

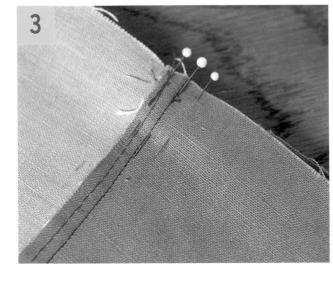

4. Continuez à épingler le bord en alignant le tissu du devant au tissu du dessous.

5. Faites une couture en vous réservant une marge de 1,25 cm (1/2 po).

TECHNIQUE 5

Quel point de couture et quelle finition dois-je choisir pour ma taie d'oreiller ?

Plusieurs alternatives s'offrent à vous. Les choix de points de couture et de finition sont multiples et il vous sera facile de donner à votre création le petit détail qui fera de votre ouvrage une pièce unique.

Taie d'oreiller option 1 :

FINITION DE LA COUTURE : OUVERTE AU FER
FINITION DE L'OURLET : OURLET À LA MACHINE

Le modèle que nous vous présentons a été fait dans des tissus irrétrécissables : la taie, un coton jaune à motif floral et la bande, un coton pêche à pois avec une bandelette de couleur contrastée.

Note : Il est temps pour vous de faire votre choix de la couture et de l'ourlet. D'autres options vous sont présentées aux pages 42-47.

Finition de la couture

1. Pour une taie d'oreiller de base, finissez la couture en pressant au fer le rentré de couture comme sur la photo ci-dessous.

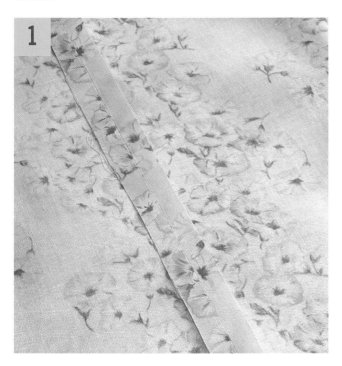

Faire l'ourlet de la taie d'oreiller le long de l'ouverture

1. Faites l'ourlet à la machine. Pour ce faire, retournez la taie d'oreiller à l'envers. Pressez au fer le bord de la bande en faisant un rebord de 1,25 cm (1/2 po) sur l'envers du tissu.

Pliez la bande en deux et repassez, envers contre envers, en alignant le rebord fait précédemment avec la ligne de couture de la bande.

Épinglez avec des épingles de couturière que vous placerez à la verticale.

Note : Comme l'ourlet sera fait à la machine et que la couture sera faite sur l'endroit du tissu, il faut vous assurer que le rebord que vous venez de faire empiète de 3 mm (1/8 po) sur la couture reliant la bande à la taie pour qu'il soit entièrement pris dans la couture.

2. Consultez le glossaire à l'entrée point arrière à la page 108. Le point arrière sert à consolider la couture.

Consultez le glossaire à l'entrée point droit à la page 108. En travaillant sur l'endroit de la taie d'oreiller, faites l'ourlet en cousant juste à gauche de la couture qui relie la taie à la bande comme sur la photo ci-dessous. Pressez et retirez les épingles au fur et à mesure que vous cousez.

Note : Si vous préférez un ourlet plus décoratif, c'est le moment idéal pour expérimenter sur des bouts de tissu les points de broderie à la machine avec le fil de rayonne et lorsque vous aurez une certaine maîtrise, vous pourrez faire des ourlets décoratifs.

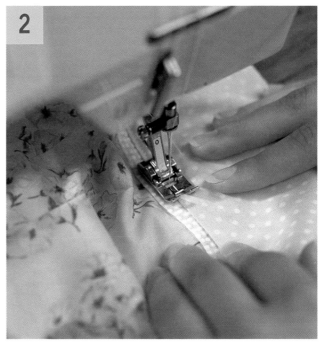

Poser la dernière touche

1. Endroit contre endroit, épinglez et cousez le rebord en allouant une marge de 1,25 cm (1/2 po) de rentré de couture.

2. Revenez à la technique 2 : la finition de la housse, étape 1, à la page 30. Taillez l'excédent de tissu aux coins.

3. Revenez à la technique 2 : la finition de la housse, étape 2, à la page 30. Repassez la couture et le rentré de la couture.

4. Retournez la taie d'oreiller à l'endroit. À l'aide d'un tourne-pointe, accentuez les coins et repassez.

Taie d'oreiller option 2 :

FINITION DE LA COUTURE : POINT ZIGZAG
FINITION DE L'OURLET : OURLET À LA MAIN

Le modèle présenté ici a été réalisé dans un coton imprimé gris irrétrécissable à imprimé gris et une toile de lin blanche avec une bandelette contrastée à la bordure.

Finition de la couture

1. Pour cette taie d'oreiller, coupez les tissus, cousez la bande à la taie et ajustez les coutures aux intersections tel que nous l'avons vu aux pages 38-39.

2. Réduisez le rentré de couture à 6 mm (1/4 po).

3. Consultez le glossaire au point zigzag à la page 108. Cousez au point zigzag les rentrés de couture tel que montré sur la photo ci-dessous.

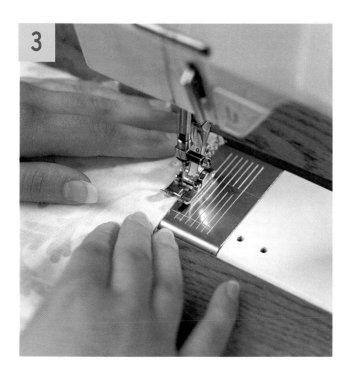

4. Repassez le rentré de couture d'un côté et ce côté deviendra le derrière de la taie.

Faire l'ourlet de la taie d'oreiller le long de l'ouverture

1. Faites l'ourlet de la taie d'oreiller à la main. Pour ce faire, retournez la taie d'oreiller à l'envers. Pressez au fer le bord de la bande en faisant un rebord de 1,25 cm (1/2 po) sur l'envers du tissu.

Pliez la bande en deux et repassez, envers contre envers, en alignant le rebord fait précédemment, avec la ligne de couture de la bande.

Épinglez avec des épingles de couturière que vous placerez à la verticale.

2. Enfilez l'aiguille à coudre avec une bonne longueur de fil dont vous nouerez les extrémités. Consultez le glossaire à l'entrée point d'ourlet à la page 107. Pour faire l'ourlet de la taie d'oreiller, glissez l'aiguille dans la pliure du tissu de la bande, à la ligne de couture, en cachant le nœud dans le pli. Piquez dans le tissu de la taie qui se trouve directement opposé, toujours le long de la ligne de couture. Ramenez l'aiguille dans le pli et passez le fil à travers. Continuez à coudre de cette façon en faisant des points à des intervalles de 6 mm (1/4 po). Retirez les épingles au fur et à mesure.

Poser la dernière touche

1. Consultez le glossaire à l'entrée point arrière à la page 108. Le point arrière sert à consolider la couture.

Consultez le glossaire à l'entrée point droit à la page 108. Endroit contre endroit, épinglez et cousez le rebord en allouant une marge de 1,25 cm (1/2 po) de rentré de couture.

2. Revenez à la technique 2 : la finition de la housse, étape 1, à la page 30. Taillez l'excédent de tissu aux coins.

3. Cousez au point zigzag les rentrés de couture tel que montré dans la photo ci-dessous.

4. Retournez la taie d'oreiller à l'endroit. À l'aide d'un tourne-pointe, accentuez les coins et repassez.

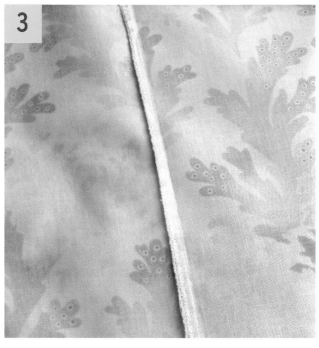

Taie d'oreiller option 3 :

FINITION DE LA COUTURE : COUTURE ANGLAISE
FINITION DE L'OURLET : OURLET ÉTROIT À LA MACHINE

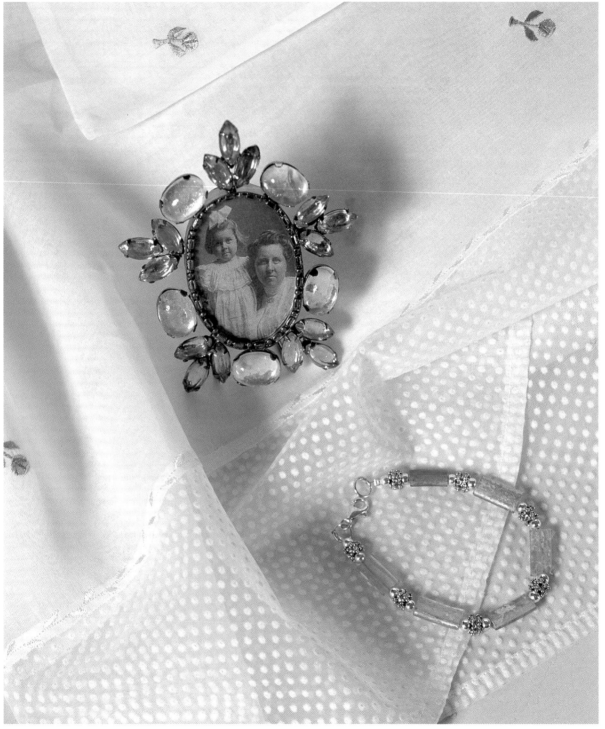

Le modèle présenté ci-dessus a été réalisé dans un tissu d'organza brodé et un tissu suisse à pois.

Finition de la couture

1. Pour faire cette taie d'oreiller, coupez un rectangle de 71 cm (28 po) de large x 104 cm (41 po) de long et une bande de 15 cm (6 po) de large x 104 cm (41 po) de long.

Épinglez, envers contre envers, un long côté de la bande au bord de la taie avec des épingles de couturière placées à la verticale.

2. Consultez le glossaire à l'entrée point arrière à la page 108. Le point arrière sert à consolider la couture.

Consultez le glossaire à l'entrée point droit à la page 108. Pour faire la couture anglaise, faites une couture en laissant des rentrés de 6 mm (1/4 po) comme sur la photo ci-dessous. Enlevez les épingles au fur et à mesure que vous cousez.

3. Réduisez les rentrés de couture à 3 mm (1/8 po).

4. Repassez le rentré vers le tissu d'organza. Pliez le tissu le long de la couture, endroit contre endroit, et repassez.

Épinglez et passez une couture en gardant une marge de 6 mm (1/4 po). Repassez le rentré de couture vers le tissu d'organza.

5. Répétez les étapes 1-4 aux pages 38-39 pour ajuster parfaitement les coutures aux intersections, en prenant soin de mettre les tissus envers contre envers et en cousant une couture anglaise sur le côté en suivant les étapes 2-4 ci-dessus.

6. Repassez les rentrés de couture d'un côté et ce côté deviendra le derrière de la taie.

Faire l'ourlet de la taie d'oreiller le long de l'ouverture

1. Faites un ourlet étroit à la machine. Pour ce faire, pliez le bord du tissu à pois d'un 6 mm (1/4 po) sur l'envers. Pliez une autre fois et passez une couture sur le bord extérieur du pli comme sur la photo ci-dessous, en formant un bord de 6 mm (1/4 po), puis repassez.

Poser la dernière touche

1. Faites une couture anglaise dans le bas. Pour ce faire, répétez les étapes 2-4 à gauche.

2. Retournez la taie d'oreiller à l'endroit. À l'aide d'un tourne-pointe, accentuez les coins et repassez.

Taie d'oreiller option 4 :

FINITION DE LA COUTURE : COUTURE RABATTUE PIQUÉE
FINITION DE L'OURLET : OURLET DÉCORATIF À LA MACHINE

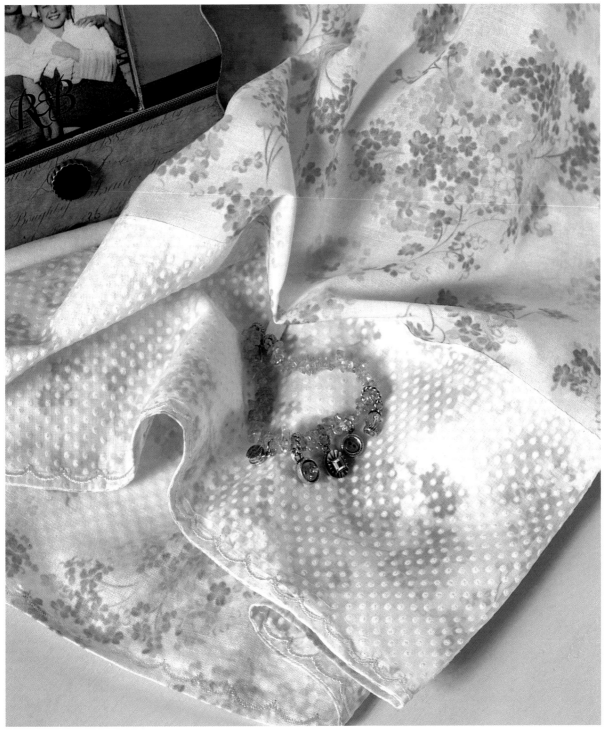

Le modèle présenté ici a été réalisé dans des tissus irrétrécissables, un coton à imprimé floral rose et un coton à pois suisse.

Finition de la couture

1. Pour faire cette taie d'oreiller, coupez un rectangle de 84 cm (33 po) de large x 104 cm (41 po) de long et une bande de 15 cm (6 po) de large x 104 cm (41 po) de long.

Épinglez les côtés courts de la taie avec des épingles placées à la verticale, envers contre envers.

2. Consultez le glossaire à l'entrée point arrière à la page 108. Le point arrière sert à consolider la couture.

Consultez le glossaire à l'entrée point droit à la page 108. Pour faire une couture rabattue piquée, passez une couture pour joindre les côtés courts ensemble, en laissant des rentrés de couture de 1,25 cm (1/2 po). Retirez les épingles au fur et à mesure que vous cousez.

3. Réduisez l'un de ces rentrés de couture à 6 mm (1/4 po).

4. Repassez les rentrées de couture d'un côté. Tournez le bord du rentré le plus long sous le rentré d'un 6 mm (1/4 po).

Passez une couture tout près du rebord, comme sur la photo ci-dessous, et repassez au fer.

5. Pliez la bande en deux, endroit contre endroit, en alignant les côtés courts.

Passez une couture pour assembler les côtés courts en laissant des rentrés de couture de 1,25 cm (1/2 po).

6. Repassez en ouvrant les rentrés de couture.

7. Épinglez l'endroit de l'un des bords de la bande à l'envers de l'un des bords de la taie.

Passez une couture sur les bords en laissant un rentré de couture de 1,25 cm (1/2 po).

8. Réduisez les rentrés de couture à 6 mm (1/4 po).

9. Repassez les rentrés de couture vers la bande, puis retournez la bande à l'endroit. Repassez la bande sur le tissu tel que montré dans la photo ci-dessous.

Faire l'ourlet de la taie d'oreiller le long de l'ouverture

1. Faites l'ourlet de la taie d'oreiller en faisant une surpiqûre à la machine. Pour ce faire, repliez le bord de la bande de 1,25 cm (1/2 po) sur l'envers du tissu et repassez.

Épinglez la bande à la taie et passez une couture sur l'endroit du tissu en cousant très près du bord que vous venez de retourner.

Poser la dernière touche

1. Endroit contre endroit, épinglez et cousez le rebord en allouant une marge de 1,25 cm (1/2 po) de rentré de couture.

2. Revenez à la technique 2 : la finition de la housse, étape 1, à la page 30. Taillez l'excédent de tissu aux coins.

3. Consultez le glossaire à l'entrée point zigzag à la page 108. Cousez au point zigzag les rentrés de couture.

4. Retournez la taie d'oreiller à l'endroit. À l'aide d'un tourne-pointe, accentuez les coins et repassez.

Comment poser une doublure ?

TECHNIQUE 6

Une doublure est un double, soit identique, soit similaire, des pièces du patron utilisées pour faire un vêtement ou un accessoire. Des tissus utilitaires ou décoratifs peuvent être utilisés comme doublures. Les pièces sont assemblées envers contre envers, donnant ainsi une finition intérieure et une protection supplémentaire au vêtement ou à l'accessoire.

Sac à main doublé

Préparer les patrons

1. Agrandissez de 250 %, les patrons des côtés et des poignées de la page 54. Taillez les patrons.

Disposer le patron

1. Pliez le tissu ancien en deux, endroit contre endroit, en alignant les bordures.

Note : En général, le tissu est plié en deux, endroit contre endroit, les lisières bien alignées, avant de placer les pièces du patron. Néanmoins, comme l'objectif est d'utiliser le tissu de la façon la plus économique possible, cette règle générale ne s'applique pas toujours.

2. Installez les pièces du patron sur le tissu ancien plié, en alignant le droit-fil indiqué sur les pièces du patron avec les lisières en laissant suffisamment de tissu pour le devant et l'arrière.

Sur le reste du tissu ancien, mesurez et marquez un rectangle de 40,6 cm (16 po) x 52 cm (20 po 1/2) en utilisant un crayon pour tissu sur le devant et l'arrière du sac à main tel qu'illustré dans le diagramme A à droite.

3. En commençant sur le droit-fil indiqué sur le patron et en mesurant à partir du droit-fil, épinglez les pièces du patron au tissu ancien jusqu'à la lisière du tissu pour s'assurer que les pièces soient bien droites et à égales distances sur le tissu.

TECHNIQUE 6-7

Ce qu'il vous faut pour faire un sac à main doublé :

- Instruments et fournitures de base, voir pages 12-21
- Tissu ancien à motif floral, 137 cm (54 po) de large, pour le sac à main
- Satin à rayures, 137 cm (54 po) de large, pour la doublure
- Boutons (2), 3,2 cm (1 1/4 po)

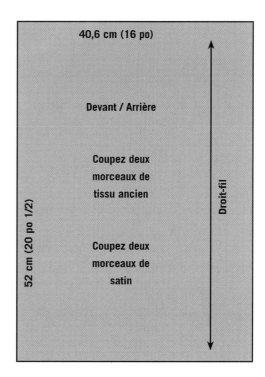

Diagramme A

Couper les tissus

1. Avec des ciseaux, coupez les pièces du patron posées sur le tissu ancien en coupant simultanément deux côtés, deux poignées, un devant et un arrière.

2. Répétez les étapes 1-3 de disposer le patron à la page 49 ainsi que l'étape 1 ci-dessus avec le satin pour la doublure.

3. Marquez les repères des poignées sur le tissu ancien, sur l'avant et sur l'arrière, en utilisant un crayon à tissu, tel qu'indiqué dans le diagramme B ci-dessous.

Marquez l'emplacement du bouton sur le satin, sur la partie arrière, tel qu'indiqué dans le diagramme B.

Marquez l'emplacement du bouton sur le tissu ancien, sur le devant, tel qu'indiqué dans le diagramme B.

Marquez au crayon le pointillé au bas des côtés du tissu ancien et du satin tel qu'indiqué sur le patron des côtés à la page 54.

Marquez une ouverture de 10 cm (4 po) sur le patron de l'arrière et du côté du satin, à l'endroit où une ouverture dans le tissu sera pratiquée afin de pouvoir le retourner. Voir le diagramme B, à gauche, et le patron des côtés page 54.

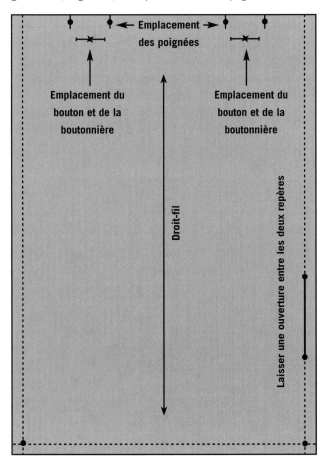

Emplacement des poignées

Emplacement du bouton et de la boutonnière

Emplacement du bouton et de la boutonnière

Droit-fil

Laisser une ouverture entre les deux repères

Faire les coutures

1. Assemblez le devant et l'arrière du tissu ancien, endroit contre endroit, en alignant les bordures du bas.

2. Reportez-vous à la technique 3 : coudre les longues bordures, étape 2, à la page 33.

3. Consultez le glossaire à l'entrée point arrière à la page 108. Le point arrière sert à consolider la couture.

Consultez le glossaire à l'entrée point droit à la page 108. Faites une couture en laissant des rentrés de couture de 1,25 cm (1/2 po). Retirez les épingles au fur et à mesure que vous cousez.

4. Ouvrez la couture au fer à repasser.

5. Placez le patron du côté sur le bord du devant et de l'arrière, endroit contre endroit, en alignant le point de repère du centre en bas du patron du côté avec les repères du patron du devant et du derrière. Épinglez.

6. Passez une couture en laissant un rentré de couture de 1,25 cm (1/2 po). Refaites les mêmes opérations de l'autre côté. Ouvrez les coutures au fer.

7. Retournez le sac à main à l'envers.

8. Pour coudre la doublure, répétez les étapes 1-6 ci-dessus, en utilisant les pièces de satin et en vous assurant de laisser une ouverture dans l'une des coutures, tel qu'indiqué sur le patron des côtés. Ne retournez pas la doublure à l'envers.

9. Pour l'une des poignées, placez le tissu ancien d'une poignée par-dessus le satin d'une poignée, endroit contre endroit, en alignant les bordures.

Épinglez les deux pièces de tissu ensemble.

10. Passez une couture sur les longues bordures, en laissant un rentré de couture de 1,25 cm (1/2 po).

11. Réduisez les rentrés de couture à 6 mm (1/4 po).

12. Consultez la technique 2 : la finition de la housse, étape 2, à la page 30. Ouvrez la couture au fer.

13. Avec une grosse épingle de sûreté, retournez la poignée à l'envers en installant l'épingle de sûreté, qui servira de guide, à l'une des bordures courtes. Poussez l'épingle à travers la poignée jusqu'à ce que la poignée ait été retournée à l'envers.

14. Les coutures ramenées vers les côtés, repassez les bords de la poignée.

Diagramme B

15. Consultez le glossaire à l'entrée surpiqûre à la page 108. Faites une surpiqûre à 6 mm (1/4 po) du bord des longues bordures de la poignée.

16 Répétez les étapes 9-15 de la page 50 et ci-dessus pour la seconde poignée.

17. Consultez le glossaire à l'entrée point de bâti à la machine à la page 108. Épinglez et faufilez l'extrémité de l'une des poignées sur le devant et l'autre sur l'arrière en alignant les extrémités avec le bord supérieur du sac à main.

18. Glissez la doublure par-dessus le sac à main, endroit contre endroit, en alignant les bords supérieurs. Assurez-vous que les poignées soient bien cachées à l'intérieur des épaisseurs de tissu.

Épinglez et passez une couture sur le bord supérieur en alignant les coutures et en laissant un rentré de couture de 1,25 cm (1/2 po).

19. Ouvrez les coutures au fer chaud, puis retournez le sac à main à l'endroit en le passant à travers l'ouverture sur le côté de la doublure.

20. Placez la doublure à l'intérieur du sac à main. Repassez la couture le long du bord supérieur du sac à main.

21. Consultez le glossaire à l'entrée point d'ourlet à la page 107. Refermez l'ouverture de la doublure au point d'ourlet. Pour ce faire, piquez l'aiguille dans le tissu ancien à l'extrémité repliée de l'ouverture, camouflant ainsi le nœud dans le pli du tissu. Piquez ensuite l'aiguille dans le satin, le long de la ligne de couture, puis repiquez l'aiguille dans le pli du tissu ancien et continuez de cette manière en faisant des points à des intervalles de 6 mm (1/4 po).

TECHNIQUE 7

Comment faire des boutonnières à la machine et coudre un bouton ?

La plupart des machines à coudre ont une méthode bien précise pour coudre les boutonnières. Nous vous suggérons de lire attentivement le livret d'instructions de votre machine à coudre.

Faire les boutonnières

1. Dans la plupart des cas, la moitié de la boutonnière est cousue au point avant puis brodée au point zigzag, la deuxième moitié est cousue au point arrière puis brodée au point zigzag. La longueur intérieure de la boutonnière doit être 3 mm (1/8 po) plus longue que le diamètre du bouton.

Attention : Avant de coudre des boutonnières sur les ouvrages de couture, il est important de vous pratiquer sur des bouts de tissu jusqu'à ce que vous soyiez satisfait des résultats.

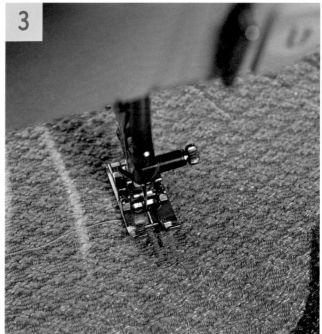

4. Avec un découseur, faites une incision entre les deux rangs parallèles de la boutonnière, d'un bout à l'autre, tel qu'illustré dans la photo ci-dessous.

Attention : Assurez-vous de ne pas couper dans la partie brodée au zigzag. Il existe des ciseaux à boutonnière que vous pouvez vous procurer.

2. Faites deux boutonnières sur le devant du sac à main.

Note : Comme vous devrez coudre à travers plusieurs épaisseurs de tissu, il vaut mieux utiliser un point plus large.

3. Passez une deuxième couture sur les boutonnières que vous venez de faire tel qu'illustré sur la photo du haut à droite.

Note : Cette couture rendra les boutonnières beaucoup plus résistantes et mieux définies.

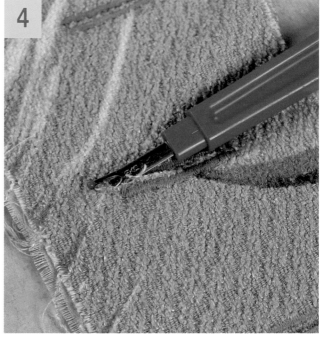

Poser les boutons

1. Coupez une longueur de 183 cm (72 po) de fil. Enfilez le fil à travers le chas d'une aiguille, tel qu'illustré dans le diagramme C ci-dessous. Nouez les extrémités.

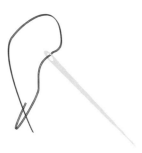

Diagramme C

2. Piquez l'aiguille à travers le satin, à l'emplacement du bouton indiqué sur le patron arrière. Faites deux petits points au repère.

3. Passez l'aiguille à travers l'un des trous du bouton, puis à travers le second trou du bouton, tel qu'illustré dans le diagramme D ci-dessous.

Diagramme D

4. Passez l'aiguille à travers toutes les épaisseurs de tissu, puis repiquez à travers le bouton. Tirez bien le fil.

5. Répétez les étapes 3 et 4 ci-dessus plusieurs fois, en finissant avec le fil sous le bouton.

6. Entourez trois fois les fils du bouton tel qu'illustré dans le diagramme E ci-dessous.

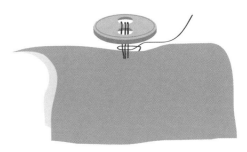

Diagramme E

7. Faites une autre fois le tour du bouton avec le fil pour former une boucle tel qu'illustré dans le diagramme F ci-dessous. Piquez votre aiguille à travers la boucle, puis tirez fermement. Répétez l'opération deux fois.

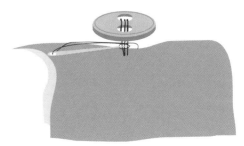

Diagramme F

8. Piquez l'aiguille à côté des enroulements de fils en formant une boucle, tel qu'illustré dans le diagramme G ci-dessous. Glissez l'aiguille à travers la boucle deux autres fois et tirez le fil fermement. Ramenez l'aiguille dans le tissu près du nœud et faites-la ressortir un pouce plus loin. Coupez le fil au point de sortie afin que le fil se perde entre les épaisseurs du tissu.

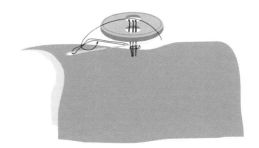

Diagramme G

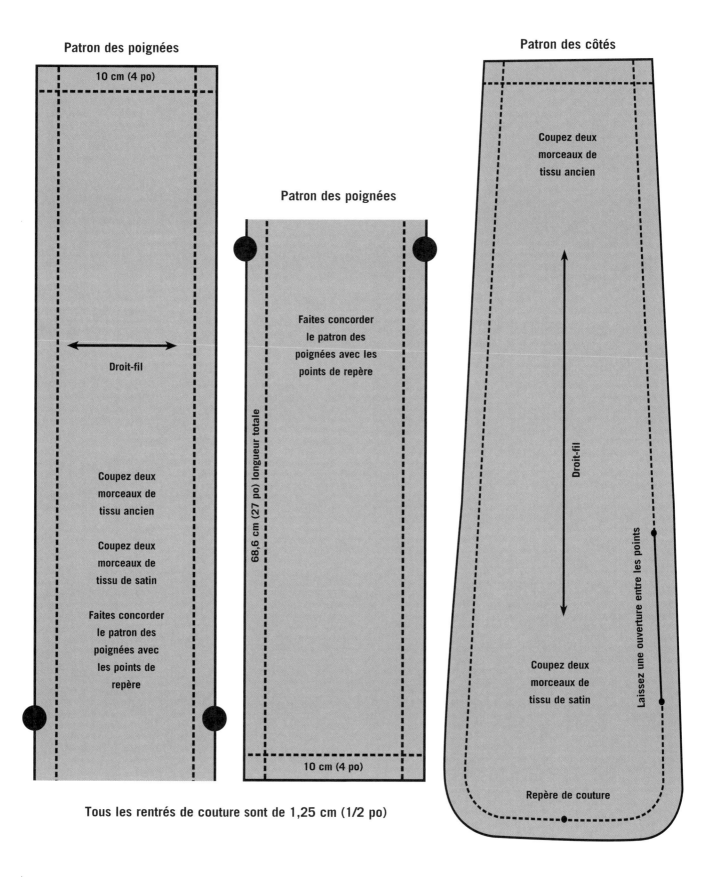

Patron des poignées

10 cm (4 po)

Droit-fil

Coupez deux morceaux de tissu ancien

Coupez deux morceaux de tissu de satin

Faites concorder le patron des poignées avec les points de repère

Patron des poignées

68,6 cm (27 po) longueur totale

Faites concorder le patron des poignées avec les points de repère

10 cm (4 po)

Patron des côtés

Coupez deux morceaux de tissu ancien

Droit-fil

Laissez une ouverture entre les points

Coupez deux morceaux de tissu de satin

Repère de couture

Tous les rentrés de couture sont de 1,25 cm (1/2 po)

Comment faire un soufflet dans un coussin et utiliser le point de soutien pour consolider la couture ?

TECHNIQUE 8

Le point de soutien est un point droit que l'on fait avant de coudre la couture. Elle renforce la couture et aide à maintenir la forme et la dimension d'une couture à l'encolure, par exemple, ou de tout autre détail de confection.

COUSSIN BOUTONNÉ

Couper les tissus

1. Consultez les pages 22-23 sur comment me servir d'un couteau rotatif ? Coupez le brocart, le devant et le dos du coussin de 24 cm de large x 37 cm de long (9 1/2 po de large x 14 1/2 po de long) tel qu'illustré dans le diagramme A à droite.

Coupez le doupion pour faire les pièces du soufflet, 5 cm (2 po) de large x 58 cm (23 po) de long, tel qu'illustré dans le diagramme B ci-dessous.

TECHNIQUE 8-9

Ce qu'il vous faut pour faire un coussin boutonné :

- Instruments et fournitures de base, voir pages 12-21
- Du brocart, avec un motif oriental, 137 cm (54 po) de large, pour le devant et le dos
- Du doupion, 112 cm (44 po) de large, pour les soufflets
- Boutons (3), 3 cm (1 1/8 po)
- Rembourrage de polyester

Conseils :

- Le capitonnage est la technique utilisée pour coudre des yeux sur les sculptures en tissu et sur les oursons en peluche.

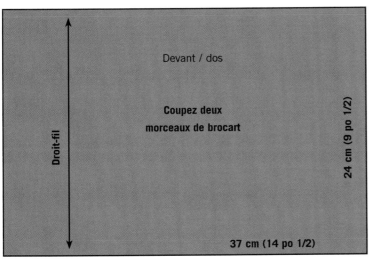

Devant / dos

Coupez deux morceaux de brocart

Droit-fil

24 cm (9 po 1/2)

37 cm (14 po 1/2)

Diagramme A

Droit-fil

58 cm (23 po)

Côté du soufflet

Coupez deux morceaux de doupion

5 cm (2 po)

Diagramme B

2. Marquez les points et les carrés sur les pièces du patron du soufflet tel qu'illustré dans le diagramme C à gauche.

Marquez l'emplacement du bouton sur l'endroit du tissu du devant et du dos en utilisant un crayon à tissu tel qu'illustré dans le diagramme D ci-dessous.

Faire les coutures

1. Épinglez les côtés courts des pièces du soufflet avec des épingles de couturière placées à la verticale, endroit contre endroit, en alignant les côtés courts ensemble.

2. Consultez le glossaire à l'entrée point arrière à la page 108. Le point arrière sert à consolider les coutures.

Consultez le glossaire à l'entrée point droit à la page 108. Cousez les deux côtés courts ensemble en laissant un rentré de couture de 1,25 cm (1/2 po) et cousez seulement entre les points de repère. Retirez les épingles au fur et à mesure que vous cousez.

3. Ouvrez le rentré de couture au fer.

4. Consultez le glossaire à l'entrée point de soutien à la page 108. Passez une couture de soutien d'environ 2,5 cm (1 po) sur les longs côtés du soufflet, de chaque côté des carrés qui se trouvent sur la ligne de couture.

5. Réduisez le rentré de couture de chaque côté du soufflet le long de la couture de soutien.

Note : En cousant seulement entre les points de repère et en réduisant le rentré de la couture de soutien aux repères carrés, le soufflet est maintenant prêt à être cousu sur le devant ainsi qu'à la bordure et aux coins du dos du coussin.

6. Épinglez le soufflet au devant, endroit contre endroit, en alignant la couture et son carré au point de repère à chaque coin.

7. Passez une couture en laissant un surplus de couture de 1,25 cm (1/2 po) en faisant pivoter le tissu au point de repère des coins. Repassez les rentrés de couture vers le soufflet.

Côté du soufflet

Couture de soutien

Droit-fil

Diagramme C

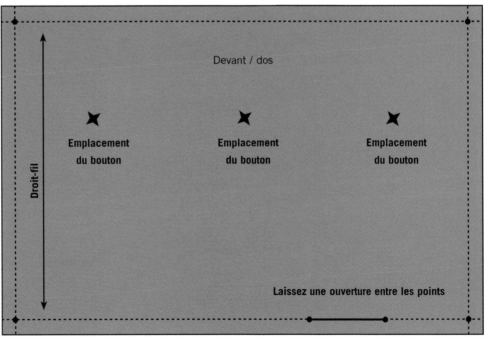

Devant / dos

Droit-fil

Emplacement du bouton

Emplacement du bouton

Emplacement du bouton

Laissez une ouverture entre les points

Diagramme D

8. Utilisez un tourne-pointe pour accentuer les coins.

9. Sur l'endroit du tissu, pliez et repassez la couture du devant vers le soufflet. Consultez le glossaire à l'entrée point piqué à la page 108. Passez une couture de part et d'autre de la couture qui relie le devant au soufflet en piquant à travers toutes les épaisseurs de tissu.

10. Répétez l'étape 5 de la page 57 pour le soufflet et pour le dos.

11. Répétez l'étape 6 de la page 57 en cousant le soufflet au dos. Toutefois, une ouverture doit être conservée afin de pouvoir retourner le coussin à l'endroit. Pour ce faire, laissez une ouverture de 10 cm (4 po) le long de l'une des bordures longues du dos.

Finition du coussin

1. Reportez-vous à la technique 2, finition de la housse, étape 4, à la page 30. Retournez le coussin en le passant par l'ouverture.

2. En utilisant un tourne-pointe, accentuez les coins.

3. Sur l'endroit du tissu, pliez et repassez la couture du dos vers le soufflet. Passez une couture de part et d'autre de la couture qui relie le dos au soufflet en piquant à travers toutes les épaisseurs de tissu.

4. Prenez une aiguille à coudre à la main et enfilez les bouts de fil, puis piquez et repiquez à travers la couture. Consultez le glossaire à l'entrée cacher les fils à la page 108.

5. Introduisez le rembourrage de polyester à travers l'ouverture du coussin.

6. Consultez le glossaire à l'entrée point d'ourlet à la page 107. Faites une couture au point d'ourlet pour fermer l'ouverture. Pour ce faire, glissez l'aiguille dans le brocart à l'extrémité de l'ouverture, en cachant le nœud dans le pli. Piquez dans le tissu de doupion qui se trouve directement opposé, toujours le long de la ligne de couture. Ramenez l'aiguille dans le rebord plié et passez le fil à travers. Continuez à coudre de cette façon en faisant des points à des intervalles de 6 mm (1/4 po).

7. Surpiquez l'ouverture que vous venez de coudre et cachez les fils.

TECHNIQUE 9

Comment utiliser les boutons pour capitonner un coussin ?

Le capitonnage est une technique qui consiste à coudre à travers une surface rembourrée. À l'origine, elle servait à maintenir en place le rembourrage mais elle est souvent utilisée de nos jours comme technique de décoration.

Capitonner un coussin

1. Coupez une longueur de 183 cm (72 po) de fil. Enfilez le fil à travers le chas d'une aiguille. Nouez les extrémités.

2. Sur le devant du coussin, cousez à travers le coussin à la marque de repère centrale en ressortant à la marque de repère centrale du dos. Refaites un autre point de couture à travers le coussin, cette fois du dos vers le devant.

3. Reportez-vous à la technique 7 : ajouter les boutons à la page 53. Glissez l'aiguille à travers le bouton puis fixez-le au devant.

4. Lorsque le bouton est solidement cousu au devant, répétez l'étape 2 ci-haut. Il vous faudra manœuvrer l'aiguille autour du bouton. Tirez à fond sur le fil. Le coussin sera capitonné à l'endroit où le bouton aura été cousu. Répétez une dernière fois l'étape 2, puis tirez à fond sur le fil pour solidifier le « capitonnage ».

5. Ramenez le fil vers le dos, au point de repère, et faites un nœud dans le fil. Consultez le glossaire à l'entrée : cacher les bouts de fil.

6. Répétez les étapes 1-5 ci-haut pour les deux boutons qui restent.

Comment faire une coulisse ?

Une coulisse est un espace créé dans un vêtement, un coussin, un sac à main ou un autre accessoire servant à fermer une ouverture. Une fois une enveloppe bordée d'une coulisse dans laquelle on aura inséré une corde ou un ruban, on n'aura qu'à tirer les deux bouts pour refermer l'ouverture. La coulisse : une solution simple et efficace.

SAC POUR PYJAMA

Couper le tissu

1. Reportez-vous à comment me servir d'un couteau rotatif ? aux pages 22-23. Coupez le tissu pour la section du bas devant/dos (qu'on appellera dorénavant « A ») 10 cm (4 po) de large x 33 cm (13 po) de long tel qu'illustré dans le diagramme A ci-dessous.

Coupez le tissu pour la section du milieu devant/dos (qu'on appellera dorénavant « B ») 12,7 cm (5 po) de large x 33 cm (13 po) de long tel qu'illustré dans le diagramme B ci-dessous.

Coupez le tissu pour la section du haut devant/dos (qu'on appellera dorénavant « C ») 58,4 cm (23 po) de large x 33 cm (13 po) de long tel qu'illustré dans le diagramme C à la page 60.

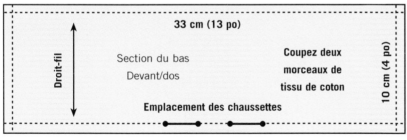

Diagramme A

33 cm (13 po) · Droit-fil · Section du bas Devant/dos · Coupez deux morceaux de tissu de coton · Emplacement des chaussettes · 10 cm (4 po)

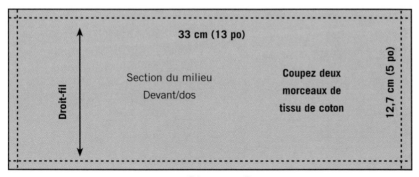

Diagramme B

33 cm (13 po) · Droit-fil · Section du milieu Devant/dos · Coupez deux morceaux de tissu de coton · 12,7 cm (5 po)

33 cm (13 po)

Droit-fil

Section du haut/doublure
Devant/dos

**Coupez deux
morceaux de
tissu de coton**

Laissez une ouverture entre les points

58,5 cm (23 po)

Ligne de pliure

Emplacement de la ligne de couture de l'enveloppe

Laissez une ouverture entre les points   Laissez une ouverture entre les points

Emplacement de la ligne de couture de l'enveloppe

Diagramme C

2. À l'aide d'un crayon à tissu, marquez la ligne de pliure et les emplacements de la ligne de couture de l'enveloppe, tel qu'illustré dans le diagramme C à gauche.

Faire les coutures

1. Épinglez les longs bords de « A » avec des épingles de couturière placées à la verticale, endroit contre endroit, en alignant les longs bords.

2. Consultez le glossaire à l'entrée point arrière à la page 108. Le point arrière sert à consolider la couture.

Consultez le glossaire à l'entrée point droit à la page 108. Cousez les longs bords ensemble en laissant un rentré de couture de 1,25 cm (1/2 po). Enlevez les épingles au fur et à mesure que vous cousez.

3. Ouvrez la couture au fer chaud.

4. Répétez les étapes 1-3 ci-dessus pour coudre les dos « A » et « B » ensemble.

5. Répétez les étapes 1-3 ci-dessus pour coudre les longs bords des devants et dos de « B » et « C ».

Note : Ceci formera la doublure du devant du sac à pyjama.

6. Reportez-vous à la technique 4, apparier les coutures, étape 2, à la page 39. Épinglez le devant au dos, endroit contre endroit, en alignant les coutures sur les côtés.

7. Passez une couture sur les lignes de couture des côtés en laissant un rentré de couture de 3/8 po. Toutefois, il faut laisser des ouvertures sur les côtés pour la coulisse et pour pouvoir retourner le sac à pyjama à l'endroit. Pour ce faire, il s'agit d'interrompre la couture sur une longueur de 10 cm (4 po) le long de la ligne de couture d'un côté et sur une longueur de 1,25 cm (1/2 po) de chaque côté pour la coulisse tel qu'illustré dans le diagramme C à gauche. Ouvrez la couture au fer.

8. Remplissez les bas avec le rembourrage de polyester.

9. Épinglez les chaussettes à la hauteur des chevilles au bas de « A » sur l'endroit du devant tel qu'illustré dans le diagramme A à la page 59 et dans le diagramme D ci-dessous.

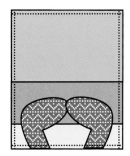

Diagramme D

10. Consultez le glossaire à l'entrée point de bâti à la machine, à la page 108. Cousez les chaussettes en laissant un rentré de couture de 6 mm (1/4 po).

11. Épinglez le devant au dos, endroit contre endroit, en alignant les bordures du bas.

12. Passez une couture dans le bas, en laissant un rentré de couture de 9 mm (3/8 po) et en vous assurant que les chaussettes soient bien cousues. Ouvrez la couture au fer.

Finition du sac à pyjama

1. Reportez-vous à la technique 2 : finition de la housse, étape 1, à la page 30. Coupez le surplus de tissu à chaque coin.

2. Reportez-vous à la technique 2 : finition de la housse, étape 3, à la page 30. Retournez le sac à pyjama à l'endroit.

3. Avec un tourne-pointe, accentuez les coins.

4. Consultez le glossaire à l'entrée point d'ourlet à la page 107. Faites un ourlet pour fermer l'ouverture. Pour ce faire, piquez l'aiguille dans le tissu du dos à l'extrémité repliée de l'ouverture, camouflant ainsi le nœud dans le pli du tissu. Piquez ensuite l'aiguille dans le tissu du devant, le long de la ligne de couture, puis repiquez l'aiguille dans le pli du tissu du dos et continuez de cette manière en faisant des points à des intervalles de 6 mm (1/4 po).

5. Pliez la partie de la doublure du tissu vers l'intérieur du sac à pyjama le long de la ligne de pliure tel qu'illustré dans le diagramme C à la page 60 et dans le diagramme E ci-dessous et repassez.

6. Épinglez la doublure pour la maintenir en place.

7. Cousez le long des deux lignes de couture de l'enveloppe sur le côté extérieur du tissu en partant de l'une des coutures de côté et repassez.

8. Coupez le ruban en deux longueurs égales. Enfilez un bout de ruban à travers le chas d'une aiguille passe-lacet.

Insérez le passe-lacet et le ruban dans le côté gauche de l'ouverture de l'enveloppe pour le faire ressortir du côté droit de l'ouverture, tel qu'illustré dans le diagramme F ci-dessous.

Répétez l'opération pour le côté droit avec l'autre bout de ruban.

Assurez-vous que les deux extrémités des rubans ressortent de l'ouverture et attachez-les ensemble.

9. Appliquez un produit anti-éraillure aux extrémités des rubans.

Tirez sur chaque bout de ruban pour refermer le haut du sac à pyjama.

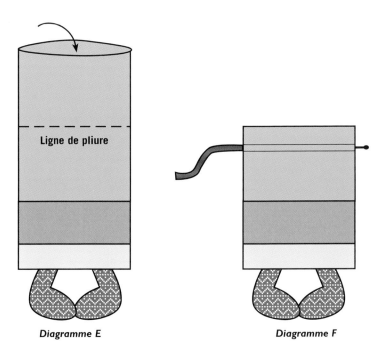

Ligne de pliure

Diagramme E   **Diagramme F**

Comment poser une fermeture à glissière apparente ?

Poser une fermeture à glissière apparente est un geste extrêmement simple qui vous permet d'entrer de plein pied dans le monde des fermetures à glissière. Les fermetures à glissière visibles sont souvent utilisées pour orner les sacs à main et les vêtements de sport. Parmi les fermetures à glissière, on retrouve la fermeture centrée, sous patte, invisible, ouvrante et la braguette.

POCHETTE AVEC FERMETURE À GLISSIÈRE

Faire les coutures et ajouter la fermeture à glissière

1. À l'aide de ciseaux, coupez le galon en longueurs de 37 cm (14 po 1/2).

2. Pliez en deux le galon le plus étroit et posez une épingle de couturière pour marquer le centre.

3. Placez le haut de la fermeture à glissière à 6 mm (1/4 po) de la marque du centre afin que le bord du galon repose contre les dents de la fermeture tel qu'illustré dans le diagramme A à droite.

Épinglez le galon au ruban de la fermeture à l'aide d'épingles placées à la verticale.

4. Remplacez le pied-de-biche standard par un pied-de-biche ganseur et changez la position de l'aiguille pour la placer à l'extrême droite.

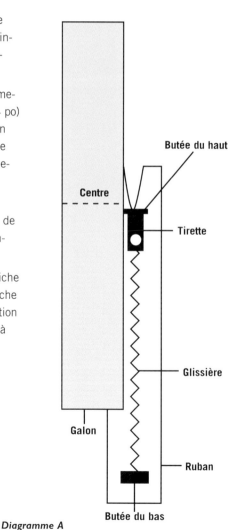

Diagramme A

TECHNIQUE 11

Ce qu'il vous faut pour faire une grande pochette avec fermeture à glissière :

- Instruments et fournitures de base, voir pages 12-21
- Galon de fantaisie, 5 cm (2 po) de large, pour le devant et le dos
- Galon de fantaisie, 10,75 cm (4 po 1/4) de large, pour le devant et le dos
- Cordon, 6 mm (1/4 po) de large, pour la bandoulière
- Une fermeture à glissière de nylon 17,75 cm (7 po) - 23 cm (9 po)
- Une frange perlée, 5 cm à 10 cm (2-4 po) de long
- Un ruban de soie, 4 mm de largeur.

5. Consultez le glossaire à l'entrée point arrière à la page 108. Le point arrière sert à consolider la couture.

Consultez le glossaire à l'entrée point droit à la page 108. Cousez le galon au ruban de la fermeture à glissière en commençant à la marque du centre et en passant la couture le plus près possible du bord extérieur de la lisière du galon. Assurez-vous de ne pas coudre dans la butée du haut de la fermeture. Enlevez les épingles au fur et à mesure que vous cousez.

6. Pliez le reste du galon en deux et posez une épingle pour en marquer le centre.

7. Alignez le centre et une extrémité du galon le plus large avec le centre et une extrémité du galon le plus étroit en l'épinglant au bord opposé du ruban de la fermeture à glissière. Faites en sorte que le bord repose bien sur la glissière.

8. L'aiguille de la machine étant toujours à l'extrême droite, faites pivoter la pièce de 180 degrés afin de coudre le galon le plus large au ruban de la fermeture tel que montré dans la photo du bas.

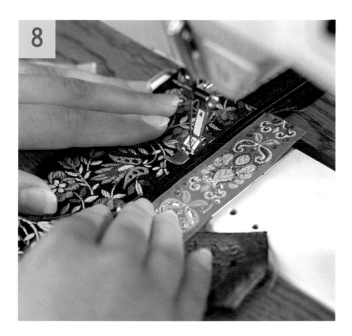

9. Consultez le glossaire à l'entrée point de surfil à la page 107. Si vous devez raccourcir la fermeture à glissière, commencez à faire un point de surfil à 10 mm (3/8 po) avant la fin du galon, puis refaites le point de surfil de 8-10 fois à travers la glissière pour former une nouvelle butée du bas tel qu'illustré dans le diagramme B à droite.

Coupez l'excédent de fermeture et de galon.

10. Dans le haut, repliez les pattes de la fermeture vers l'intérieur à un angle de 45 degrés, puis fixez-les en les cousant à la main pour qu'elles soient invisibles de l'extérieur. Voir le diagramme C ci-dessous.

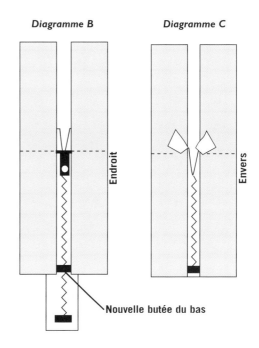

Diagramme B   *Diagramme C*

Endroit   Envers

Nouvelle butée du bas

Conseils :

- La colle à bâtir est indispensable pour mettre en place la fermeture à glissière avant de la coudre. Faites un test avant d'appliquer la colle sur le tissu.
- Les fermetures sous patte sont utilisées pour les coutures de côté et pour les coutures arrières des vêtements.
- Assurez-vous de ne pas toucher les dents de nylon de la fermeture avec un fer chaud, elles peuvent fondre.
- Certaines fermetures à glissière ont été conçues non pas pour se fondre dans l'ouvrage mais plutôt comme pièces de décoration à part entière.

11. À partir des marques du centre, surjetez les bords des galons ensemble tel qu'illustré à droite et dans le diagramme D ci-dessous.

12. Pliez les galons en deux, endroit contre endroit, en alignant les extrémités, tel qu'illustré dans le diagramme E ci-dessous. Passez une couture en laissant un rentré de couture de 1,25 cm (1/2 po) facilitant ainsi l'ajustement du devant au dos.

Ouvrez la couture au fer chaud.

Retournez la pochette à l'endroit en repassant à plat le rentré de couture vers le côté.

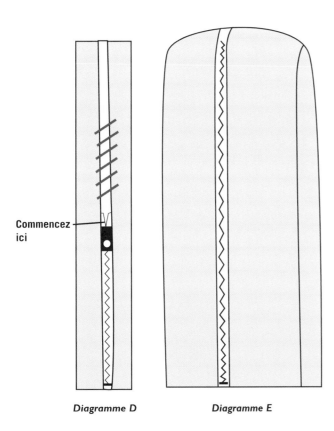

Commencez ici →

Diagramme D   *Diagramme E*

Finition de la pochette

1. Glissez les extrémités du cordon pour la bandoulière à l'intérieur de la pochette et épinglez-les au bord supérieur. Placez les extrémités du cordon vis-à-vis les lignes de pliure tel qu'illustré dans le diagramme F à droite.

2. Consultez le glossaire à l'entrée point zigzag à la page 108. Passez une couture au point zigzag pour coudre ensemble les bords du galon du haut en prenant soin de coudre aussi les extrémités du cordon. Passez une couture au point zigzag pour coudre ensemble les bords du galon du bas.

3. Enroulez la frange sur elle-même et maintenez cet enroulement en place en faisant quelques points de couture à la main.

4. En utilisant le ruban de soie, cousez la frange transformée en gland à la tirette de la fermeture à glissière.

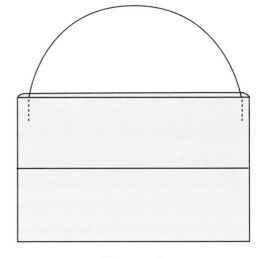

Diagramme E

Comment finir une bordure avec un biais ?

Le biais est une façon pratique et décorative de finir les bords de tissus. Le biais peut s'acheter déjà prêt ou peut être fait à partir du tissu de votre choix. Pour une question d'économie, les bandes de biais sont cousues ensemble.

VIDE-POCHES SUSPENDU

Préparer le patron

1. Agrandissez de 300 % le patron devant / dos de la page 71, puis découpez-le.

Disposer le patron

1. Reportez-vous à la technique 6 : disposer le patron, étapes 2 et 3, à la page 49. Épinglez le patron au tissu de mousseline matelassée.

Couper les tissus

1. À l'aide de ciseaux, taillez la mousseline matelassée, en suivant le contour du patron du devant.

2. Répétez l'étape 1 de disposer le patron et l'étape 1 de couper les tissus à gauche de la page, avec le tissu canevas pour l'arrière du vide-poches.

3. Reportez-vous à : comment me servir d'un couteau rotatif ? aux pages 22-23. Coupez le tissu de chenille pour faire la poche de 20,3 cm (8 po) de large x 50,8 cm (20 po) de long tel qu'illustré dans le diagramme A ci-dessous.

4. Marquez au crayon à tissu l'emplacement de la ligne de couture sur le devant et sur la poche tel qu'illustré dans le diagramme A.

Marquez les points de repère sur le devant aux rentrés de couture pour l'emplacement du ruban tel qu'indiqué dans le patron devant / dos.

TECHNIQUE 12

Ce qu'il vous faut pour faire un vide-poches :

- Instruments et fournitures de base, voir pages 12-21
- Mousseline matelassée, 137 cm (54 po) de large, pour le devant
- Canevas, 137 cm (54 po) de large, pour le dos
- Chenille, 1,5 m (60 po) de large, pour la poche
- Coton à rayures, 112 cm (44 po) de large, pour le biais
- Bout de dentelle de 23 cm (9 po)
- Ruban 6 mm (1/4 po) de large,
- Ruban 1,25 cm (1/2 po) de large,
- Boutons à tige (3), 1,6 cm (5/8 po)
- Bague de plastique 1,9 cm (3/4 po) de diamètre pour le cintre

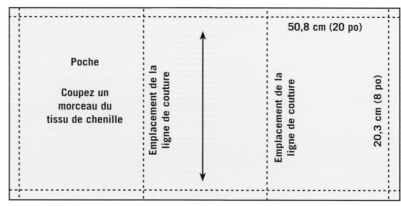

Diagramme A

Couper le biais

1. Consultez le glossaire à l'entrée le biais d'un tissu à la page 109. Trouvez le biais du tissu de coton. Pour ce faire, pliez un coin du tissu de coton de façon à ce que la lisière (parallèle à la chaîne du tissu) rencontre la bordure coupée du tissu (perpendiculaire à la trame) en formant un angle de 45 degrés. Fixez le tissu en place à l'aide d'épingles de couturière.

2. Avec les ciseaux, taillez le long du pli, puis repliez le biais sur lui-même.

3. Reportez-vous à comment me servir d'un couteau rotatif? aux pages 22-23. Coupez 4 bandes de biais d'une largeur de 3,8 cm (1 1/2 po).

Note: Comme vous travaillez sur un tissu d'une largeur de 46 cm (18 po). vous devriez obtenir des longueurs de biais d'environ 61 cm (24 po).

Agrémenter le devant

1. Fixez le coin de dentelle au haut du devant à l'aide d'épingles de couturière placées à la verticale.

2. Consultez le glossaire à l'entrée surpiqûre à la page 108. Surpiquez le bord de la dentelle du coin de dentelle. Enlevez les épingles au fur et à mesure que vous cousez.

3. Consultez le glossaire à l'entrée point de bâti à la machine à la page 108. Cousez les bords externes du coin de dentelle en laissant un rentré de couture de 6 mm (1/4 po).

4. Épinglez le ruban d'une largeur 6 mm (1/4 po) sur le devant tel qu'indiqué sur le patron devant/dos.

5. Passez une couture au point de bâti.

Faire les coutures

1. Superposez le devant sur le dos, envers contre envers, en alignant toutes les bordures.

2. Épinglez les deux épaisseurs ensemble.

3. Faites un point de bâti en laissant un rentré de couture de 6 mm (1/4 po) et repassez.

Poser le biais à la poche

1. Consultez le glossaire à l'entrée point arrière à la page 108. Faites un point arrière pour consolider la couture.

Consultez le glossaire à l'entrée point droit à la page 108. Épinglez puis cousez une bande de biais à la bordure

supérieure de la poche, endroit contre endroit, en laissant un rentré de couture de 10 mm (3/8 po) tel qu'illustré ci-dessous.

2. Repassez le rentré de couture vers le biais.

3. Avec l'envers de la poche devant vous, repassez en ramenant l'autre rebord du biais de 1,25 cm (1/2 po) sur l'envers. Passez le biais par-dessus la bordure supérieure de la couture, emprisonnant ainsi la couture, et épinglez le biais tel qu'illustré ci-dessous.

Note: Le nouveau rebord doit être fixé juste en dessous de la première couture.

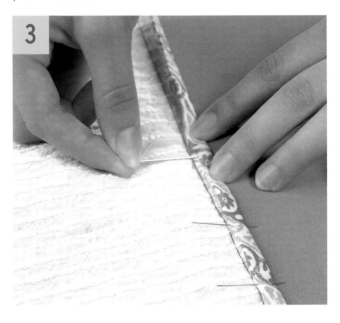

4. Consultez le glossaire à l'entrée point piqué à la page 108. En travaillant sur l'endroit, cousez le biais au point piqué en s'assurant que vous emprisonniez bien toutes les épaisseurs de tissus.

Assurez-vous de bien piquer à travers le rebord du biais sur l'envers du tissu et repassez.

5. Pliez la poche sur les lignes solides de façon à rencontrer les points de repère en formant ainsi des plis creux.

Épinglez puis cousez les plis le long du bord inférieur de la poche.

Coudre la poche au vide-poches

1. Épinglez la poche au devant, en alignant le bas et chaque côté, tout en superposant les lignes de couture du devant aux lignes de couture du haut et du bas de la poche.

2. Passez une couture sur les lignes de couture.

Faire l'attache pour suspendre

1. Avec une retaille de biais de 7,5 cm (3 po) faites un rebord de 1,25 cm (1/2 po) de chaque côté du biais, puis repassez le biais en deux.

2. Passez le biais repassé à travers l'anneau de plastique.

Épinglez les deux extrémités du biais ensemble.

3. Épinglez et cousez les bords du biais sur l'endroit du dos, en haut au centre.

Poser du biais autour du vide-poches

1. Cousez ensemble le reste des bandes de biais. Pour ce faire, les deux bords courts de deux pièces de biais doivent former un angle de 45 degrés le long de la chaîne du tissu tel qu'illustré dans le diagramme B ci-dessous.

Si nécessaire, réduisez le côté court du biais pour qu'il se superpose parfaitement à la chaîne du tissu, puis placez les bords, endroit contre endroit, et cousez en laissant un rentré de couture de 6 mm (1/4 po).

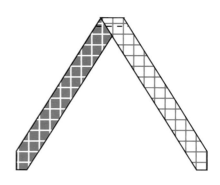

Diagramme B

2. Ouvrez la couture au fer.

3. Le devant du vide-poches devant vous, épinglez et cousez le biais sur les côtés et sur le haut du vide-poches en prenant soin de piquer à travers toutes les épaisseurs du tissu. Débutez par le coin gauche en laissant un rentré de couture de 3/8 po.

4. Repassez le rentré de couture vers le biais.

5. En plaçant le dos du vide-poches devant vous, repassez en pliant l'autre rebord du biais de 1,25 cm (1/2 po) sur l'envers. Passez le biais par-dessus la bordure du vide-poches, emprisonnant ainsi la couture, et épinglez.

6. En travaillant à l'endroit, passez une couture sur le bord du biais en vous assurant de bien piquer à travers toutes les épaisseurs du tissu jusqu'à la couture intérieure.

Assurez-vous de bien piquer à travers le rebord du biais sur l'envers du tissu et repassez.

7. Répétez les étapes 3 et 4 ci-dessus en cousant le biais au bord inférieur du vide-poches en prenant soin de laisser un rentré de couture de 1,25 cm (1/2 po) de biais au début et à la fin du bord inférieur.

8. Répétez les étapes 5 et 6 ci-dessus.

9. Avant de poser les épingles, pliez les bords du biais pour qu'ils arrivent à égalité avec la bordure de côté déjà finie. Pliez le biais encore une fois pour emprisonner la couture.

10. Épinglez et cousez à partir du devant.

11. Consultez le glossaire à l'entrée point d'ourlet à la page 107. Faites un ourlet pour joindre l'attache au dos, en haut au centre.

Finition du vide-poches

1. Nouez le ruban à chaque bout. Glissez le ruban d'un 1,25 cm (1/2 po) à travers l'anneau de plastique et faites une petite boucle.

2. Ajoutez les boutons tel qu'indiqué sur le patron devant / dos.

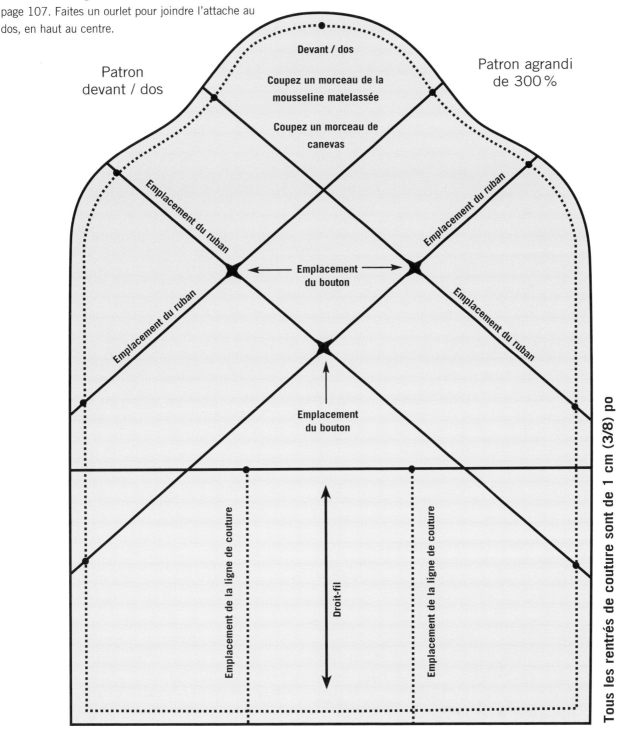

Patron devant / dos

Patron agrandi de 300 %

Devant / dos

Coupez un morceau de la mousseline matelassée

Coupez un morceau de canevas

Emplacement du ruban

Emplacement du ruban

Emplacement du ruban

Emplacement du ruban

Emplacement du bouton

Emplacement du bouton

Emplacement de la ligne de couture

Emplacement de la ligne de couture

Droit-fil

Tous les rentrés de couture sont de 1 cm (3/8) po

Comment faire un volant ?

Les volants connaissent des hauts et des bas, mais ils reviennent périodiquement à la mode et ceci vaut autant pour les vêtements que pour la décoration intérieure. Ils constituent un excellent exercice pour apprendre les rudiments de la couture. Il ne faut jamais oublier de répartir également le bouillonnement du volant et de prendre garde à ne pas coudre accidentellement une partie du volant qui ne doit pas l'être.

COUSSIN À VOLANTS

Préparer le patron

1. Agrandissez de 150 % le patron de la page 76. Découpez le patron.

Disposer le patron

1. Reportez-vous à la technique 6 : disposer le patron, étapes 1-3 à la page 49. Épinglez le patron au tissu doupion.

Couper les tissus

1. À l'aide de ciseaux, taillez simultanément le devant et le dos dans le tissu doupion en suivant le pourtour du patron.

2. Reportez-vous à comment me servir d'un couteau rotatif ? aux pages 22-23. Coupez quatre longues bandes de 5 cm (2 po) x 112 cm (44 po) dans le tissu à volant en applique.

3. Coupez deux bandes de 6,25 cm (2 po 1/2) x 112 cm (44 po) dans le tissu à volant en ajout.

4. Sur le tissu du dos, marquez, à l'aide d'un crayon à tissu, l'ouverture qui servira à retourner les volants, tel qu'indiqué sur le patron du coussin.

5. Pliez le devant en deux, puis en quatre et repassez.

Sur le bord externe du devant, marquez à l'aide d'un crayon à tissu les lignes repères qui divisent le cercle en quatre tel qu'indiqué sur le patron du coussin.

6. En commençant par le plus petit, tracez les quatre cercles du patron du devant pour marquer l'emplacement du volant tel qu'illustré sur le patron du coussin. Utilisez un marqueur à encre indélébile.

7. Réchauffez l'encre en repassant la surface avec un fer chaud.

TECHNIQUE 13

Ce qu'il vous faut pour faire un coussin à volants :

- Instruments et fournitures de base, voir pages 12-21
- Tissu doupion, 112 cm (44 po) de large, pour le devant / dos
- Tissu à volant, 112 cm (44 po) de large
- Toile thermocollante pour tissu léger pour le devant

8. Positionnez le patron du coussin sur la toile thermocollante et taillez en cercle.

Réduisez le diamètre du cercle d'un 1/2 po.

Ourler et froncer les volants

1. Fixez la toile thermocollante sur l'envers du devant.

2. Avec le pied ourleur, et en travaillant avec une seule bande à la fois, faites le bord d'une longueur de volant à l'envers du tissu, en commençant et en finissant aux lisières. Pour ce faire, abaissez le pied ourleur et cousez trois points.

Tirez les fils du début pour amener le tissu dans le pied-de-biche. Les fils se trouveront devant le pied. Placez les fils du bon côté.

Alors que le tissu s'enroule simultanément d'environ 6 mm (1/4 po) sur le pied-de-biche, continuez à coudre l'ourlet roulé.

3. Faites le bord jusqu'aux lisières.

4. Repassez l'ourlet.

5. Répétez les étapes 1-4 ci-dessus pour les autres volants.

6. Enlevez le pied ourleur et remplacez-le par le pied standard.

7. Changez la longueur du point à 4,5 qui est la longueur requise pour tirer les fils à la main sans difficulté afin de froncer le tissu.

8. En travaillant sur l'envers de la bande, pliez de 6 mm (1/4 po) l'autre bord du volant et faites une couture très près de la pliure (avec le point à 4,5).

Refaites une couture à 1,6 mm (1/16 po) à gauche de la première. Lorsque vous tirerez sur les fils des deux rangées de points, le tissu que vous venez de froncer sera plus rigide et beaucoup plus facile à manier.

9. Refaites les mêmes opérations avec les autres volants.

Note : Travailler avec chaque longueur de volant et les poser un à la fois est beaucoup plus facile que de travailler avec les quatre longueurs de volant à la fois.

Appliquer le volant

1. Tirez les fronces de chaque bande de tissu jusqu'à ce que le tissu froncé mesure 50,8 cm (20 po).

Faites un nœud dans les fils à chaque bout.

2. Coupez une grande partie des fils et enfilez-les ensuite à travers le chas d'une aiguille à coudre à la main. Consultez le glossaire à l'entrée cacher les bouts de fil à la page 108. Cachez les bouts de fil dans les fronces et coupez-les.

3. En commençant par le cercle extérieur de 17,8 cm (7 po), épinglez le bord froncé de l'un des volants au cercle. Ajoutez une autre bande de tissu froncé en la surimposant de 1,25 cm (1/2 po) sur le côté court de la bande que vous venez d'épingler.

Lorsque le cercle extérieur est complété, continuez à recouvrir le cercle de 12,7 cm (5 po) avec un volant, puis celui de 7,5 cm (3 po).

Consultez le glossaire à l'entrée point zigzag à la page 108. Passez une couture sur les volants au point zigzag (un point étroit) au fur et à mesure que chaque cercle est complété. Ramenez l'extrémité du dernier volant au centre du coussin tel qu'illustré dans la photo ci-dessous.

4. Consultez le glossaire à l'entrée point caché à la page 107. Enroulez le reste du volant et cousez-le à la main au centre du coussin en formant une « rose ».

Ajouter d'autres volants

1. Cousez les bords courts des volants en laissant un rentré de couture de 6 mm (1/4 po). Cousez bout à bout les volants pour former un grand cercle.

2. Ouvrez les rentrés de couture au fer chaud.

3. Retirez le pied standard et remettez le pied ourleur.

4. Ourlez le bord d'un long côté du cercle en commençant près de la couture, mais non pas sur la couture.

Lorsque les points se rejoignent au point de départ, retirez les points du début. Lorsque vous aurez ourlé suffisamment de tissu, vous pourrez retirer les points sans avoir besoin d'enlever le tissu du pied ourleur. Une fois qu'un tour complet aura été effectué, vous serez en mesure de finir l'ourlet sans qu'aucune interruption dans la couture ne soit apparente.

5. Repassez l'ourlet.

6. Répétez les étapes 6 et 7 à la page 74.

7. En travaillant sur l'envers du cercle et en commençant à la couture, faites un rang de fronces en laissant un rentré de couture de 2,5 cm (1/2 po).

Faites une deuxième couture à 3 mm (1/8 po) à droite de la première.

8. Marquez le bord des fronces à chaque quart en pliant le volant en deux, puis encore en deux. Posez une épingle de couturière aux pliures, dans les coutures.

9. Afin de fixer le volant en ajout au bord extérieur du coussin, le volant en applique extérieur doit être rentré et épinglé pour ne pas gêner.

Note : S'il n'est pas épinglé, le volant en applique pourrait être involontairement pris dans la couture du volant en ajout.

10. Reliez le cercle au devant du coussin, endroit contre endroit, en plaçant à la verticale des épingles de couturière aux quatre points de repère.

Note : Positionnez le cercle de façon à ce que le bord non fini des fronces soit aligné avec le bord extérieur du devant.

11. Tirez doucement les fils dans les deux directions pour froncer le cercle afin qu'il s'ajuste au contour extérieur du devant. Lorsque c'est fait, enroulez les fils à froncer autour des épingles de couturière pour éviter que les fronces ne se défassent.

12. Ajustez les fronces.

13. Consultez le glossaire à l'entrée point arrière à la page 108. Le point arrière sert à consolider la couture.

Consultez le glossaire à l'entrée point droit à la page 108. Cousez le volant au devant en faisant la couture à gauche des fronces les plus à l'extérieur. Retirez les épingles au fur et à mesure.

Note : on procède de cette façon pour que les points des fronces ne paraissent pas à l'extérieur de la couture.

Finition du coussin

1. Consultez le glossaire à l'entrée point de soutien à la page 108. Passez une couture de soutien dans la pièce du dos entre les points de repère, le long de la ligne de couture.

2. Consultez le glossaire à l'entrée fente à la page 106. Dans la pièce du dos, faites des fentes dans le rentré de couture aux points de repère.

3. Épinglez le volant du devant de façon à ce qu'il ne soit pas pris dans la couture du bord extérieur que vous vous apprêtez à faire.

4. Épinglez le devant au dos, endroit contre endroit. Les volants sont un peu encombrants et prennent beaucoup d'espace.

5. Le devant du coussin devant vous, cousez le devant au dos. Voir l'étape 13 à gauche sur cette page. Toutefois, une ouverture doit être laissée dans la couture afin de vous permettre de retourner le coussin à l'endroit. Pour ce faire, évitez de coudre entre les deux points de repère à l'endroit où vous avez fait une couture de soutien dans la pièce du dos.

Reprenez la couture à 6 mm (1/4 po) à droite de la première rangée de points.

6. Réduisez le rentré de couture à droite de la seconde rangée de points. Avant de retourner le coussin à l'endroit, pressez le bord froncé en dessous.

7. Reportez-vous à la technique 2 : finition de la housse, étape 4, à la page 30. Retournez le coussin à l'endroit en vous servant de l'ouverture pratiquée dans la couture.

8. Défroissez tous les volants.

9. Remplissez le coussin avec le rembourrage en polyester jusqu'à ce qu'il soit assez ferme.

10. Consultez le glossaire à l'entrée point d'ourlet à la page 107. Exécutez le point d'ourlet pour fermer l'ouverture. Pour ce faire, piquez l'aiguille dans le tissu du dos à une extrémité repliée de l'ouverture, camouflant ainsi le nœud dans le pli du tissu. Piquez ensuite l'aiguille dans le tissu du devant, repiquez l'aiguille dans le pli du tissu du dos et continuez de cette manière en faisant des points à des intervalles de 6 mm (1/4 po).

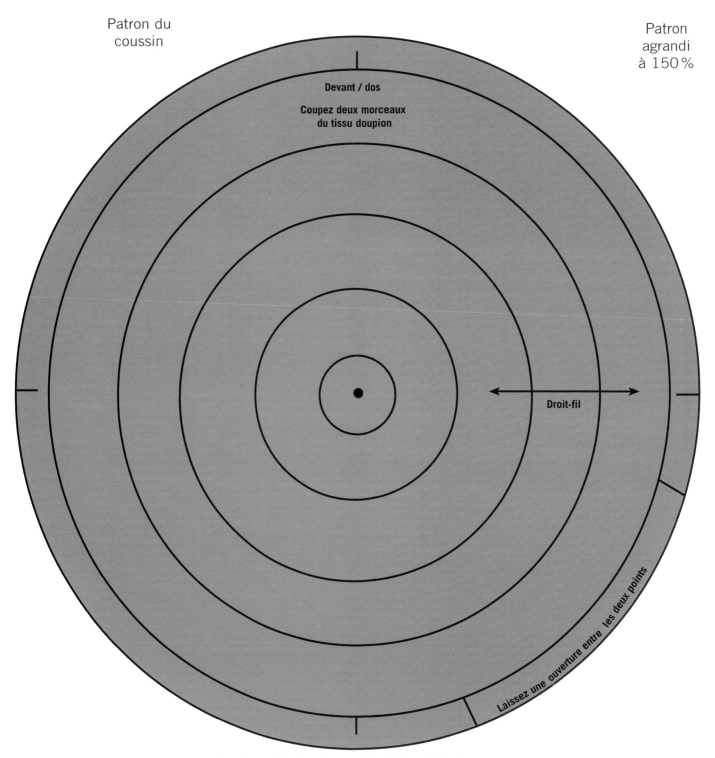

Devant / dos

**Coupez deux morceaux
du tissu doupion**

Droit-fil

Laissez une ouverture entre les deux points

Tous les rentrés de couture sont de 1,25 cm (1/2 po)

Comment utiliser un patron commercial en suivant les instructions ?

Les entreprises commerciales produisent des patrons détaillés depuis plus de 100 ans. Le patron et les feuillets d'instructions contenus dans l'enveloppe donnent des informations détaillées sur les tissus et les fournitures requises, sur la disposition des pièces à tailler, ainsi que de l'information générale sur la couture. Les patrons que l'on trouve sur le marché donnent des instructions précises et faciles à suivre pour réaliser le vêtement illustré sur l'enveloppe.

ROBE D'ÉTÉ POUR FILLETTE

Se préparer :

1. Lisez les instructions à l'endos de l'enveloppe et achetez le tissu et les fournitures requises.

2. Lisez tous les feuillets d'instructions, incluant l'information de base, la disposition des pièces du patron et les instructions de couture.

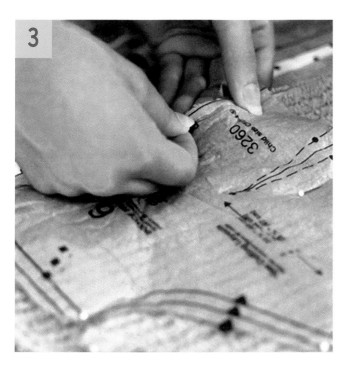

Disposer le patron

1. Rassemblez toutes les pièces du patron et placez-les avec les tissus à tailler.

2. Reportez-vous à la technique 6 : disposer le patron, étape 3, à la page 49. Épinglez les pièces du patron sur les tissus à tailler.

TECHNIQUE 14

Ce qu'il vous faut pour faire une robe d'été de fillette :

- Instruments et fournitures de base, voir pages 12-21
- Patron commercial d'une robe d'été d'enfant
- Tissu chenillé, vert moyen, 1,5 m (60 po) de large, pour le devant et le dos du corsage
- Tissu de coton guingan, 112 cm (44 po) de large, pour le devant et le dos de la doublure du corsage
- Mouchoir avec un motif floral, un carré de 30,5 cm (12 po) pour orner le devant du corsage
- Des chutes de tissu brodé avec motif floral pour faire les bretelles
- Du tissu ancien (serviette de table) à motif floral, un carré de 101,5 cm (40 po) pour le devant et le dos de la jupe et la parementure du dos de la jupe.
- Dentelle ajourée vert pâle, 7,5 cm (3 po) de large, pour orner le bas de la jupe.
- Toile thermocollante légère, pour le dos du corsage aux boutonnières et pour la parementure du dos de la jupe.
- Boutons (3) 1,25 cm (1/2 po) ; (2) 1,9 cm (3/4 po)
- Agrafe

Note : Si le tissu et les lignes du droit-fil du patron ne sont pas correctement alignés, le vêtement ne tombera jamais bien.

3. Épinglez le reste des pièces du patron sur les tissus appropriés en défroissant soigneusement les pièces du patron à partir du centre vers les bordures tel qu'illustré dans la photo de gauche.

Tailler les tissus

1. À l'aide de ciseaux, coupez les pièces du patron en coupant simultanément un côté gauche et un côté droit de chaque pièce du patron incluant celles qui sont placées sur la pliure.

Note : Afin de déterminer à quel endroit les coutures doivent se rencontrer, assurez-vous de bien couper les crans indiqués sur le tracé du patron. Reportez tous les repères du patron sur les tissus en plaçant toutes les marques sur l'envers du tissu, à l'exception de l'emplacement des boutonnières et des boutons.

2. Marquez l'emplacement des pinces, des bretelles, du milieu du devant ainsi que les bords du haut et du bas du devant du corsage et de sa doublure en piquant une épingle de couturière à travers le patron et le tissu.

3. Retirez le patron en laissant les repères marqués par les épingles en place. À l'aide d'un crayon à tissu, marquez chaque repère sur l'envers du tissu, tel qu'illustré dans la photo ci-dessous.

Marquez les emplacements des boutonnières ainsi que le milieu du dos sans oublier les bords du haut et du bas du dos du corsage et de sa doublure.

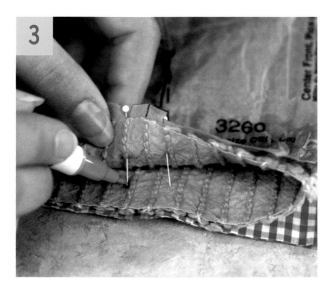

Note : Assurez-vous de bien marquer les deux épaisseurs de tissu sur leur envers. Ne retirez complètement les pièces de patron qu'à la toute dernière minute, juste avant de coudre.

4. Marquez l'emplacement du bouton sur l'endroit du tissu de la bretelle. Marquez la parementure du dos de la jupe tel qu'indiqué sur le patron.

5. Marquez le milieu du devant et du dos ainsi que le bord du haut et la ligne de pliure sur le devant et le dos de la jupe.

Reportez toutes les marques de repère tel qu'indiqué sur le patron en marquant l'emplacement du bouton sur la droite du dos de la jupe.

Coudre le corsage

1. Pliez le devant du corsage, endroit contre endroit, le long des pinces du centre. Épinglez les pinces horizontalement en alignant les points. Marquez le début et la fin des pinces avec des épingles. En utilisant une règle et un crayon à tissu, reliez les points ensemble.

Consultez le glossaire à l'entrée point arrière à la page 108. Le point arrière sert à consolider la couture.

Consultez le glossaire à l'entrée point droit à la page 108. Passez une couture entre les points. Commencez à coudre chaque pince à son point le plus large en utilisant le point arrière au début. Réduisez la grandeur du point à la fin de chaque pince éliminant ainsi le besoin de faire des points arrières. Enlevez les épingles au fur et à mesure que vous cousez.

Note : Avec l'habitude, vous pourrez vous fiez de plus en plus à votre œil pour compléter les lignes entre les points.

Repassez les pinces vers le centre. Les pinces doivent toujours être cousues et repassées avant d'entreprendre les autres coutures majeures.

2. Cousez les pinces de la doublure du devant du corsage.

3. Épinglez un coin du mouchoir au côté droit du devant du corsage en faisant coïncider le point du coin avec le milieu.

Consultez le glossaire à l'entrée point de bâti à la machine à la page 108. Cousez les bords du haut ensemble.

Consultez le glossaire à l'entrée surpiqûre à la page 108. Surpiquez les bords du coin tel qu'illustré dans la photo ci-dessous. Enlevez l'excédent de tissu mouchoir.

4. Cousez les bretelles, endroit contre endroit, en laissant un rentré de couture de 5/8 po.

5. Reportez-vous à la technique 2 : finition de la housse, étape 1, à la page 30. Enlevez l'excédent de tissu à chaque coin et réduisez les rentrés de couture à 1,25 cm (1/2 po).

6. Reportez-vous à la technique 2 : finition de la housse, étape 2, à la page 30. Repassez vers le bord l'un des rentrés de couture.

7. En attachant une grosse épingle de sûreté au côté court de la bretelle, retournez-la à l'endroit en utilisant l'épingle de sûreté comme guide. Poussez-la à travers la bretelle en faisant en sorte que la bretelle soit retournée à l'endroit.

8. Faites coïncider les marques, puis épinglez et faufilez la bretelle en place sur le devant du corsage.

9. Renforcez les boutonnières de gauche et de droite sur le dos du corsage. Pour ce faire, collez un carré de 2,5 cm (1 po) de toile thermocollante à l'envers du tissu, à l'emplacement des boutonnières, en suivant les instructions du fabricant.

10. Assemblez le devant du corsage au dos du corsage en passant les coutures sur les côtés. Refaites la même opération avec les doublures du devant et du dos.

11. Ouvrez les rentrés de couture au fer.

12. Épinglez la doublure du corsage au corsage, endroit contre endroit, en faisant coïncider les entailles, les milieux et les coutures.

13. Cousez le dos, l'emmanchure et l'encolure du devant tel qu'illustré sur la photo ci-dessous.

Réduisez les rentrés de couture à 1,25 cm (1/2 po). Taillez les courbes et enlevez l'excédent de tissu tel qu'illustré dans la photo ci-dessous.

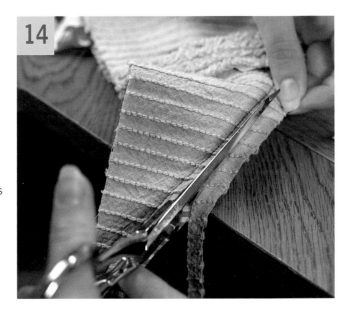

15. Repassez le rentré de couture vers le bord.

16. Retournez le corsage à l'endroit et repassez.

17. Faufilez ensemble les bords du bas.

Coudre la jupe

1. Renforcez la couture du milieu du dos de la jupe en cousant à peu près 2,5 cm (1 po) dans les deux directions à partir du cercle, sur la ligne du rentré de couture de 1,6 cm (5/8 po).

2. Passez une couture dans le milieu du dos de la jupe jusqu'au cercle.

Taillez le rentré de couture en diagonale au cercle, puis réduisez le rentré de couture en dessous du cercle à 1,25 cm (1/2 po).

3. Consultez le glossaire à l'entrée zigzag à la page 108. Passez une couture au point zigzag. Repassez le rentré de couture d'un côté.

4. Collez la toile thermocollante à l'envers du tissu ancien, sur la paramenture du dos de la jupe. Cousez la couture du milieu de la paramenture du dos de la jupe, du bas jusqu'au cercle.

Faites une fente en diagonale au cercle.

Ouvrez le rentré de couture au fer.

Passez une couture zigzag sur le bord extérieur de la paramenture du dos de la jupe.

Épinglez la paramenture du dos de la jupe au dos de la jupe, endroit contre endroit, en faisant coïncider les bords bruts, les cercles et les coutures.

5. Cousez à partir des bords supérieurs jusqu'au cercle tel qu'illustré dans la photo ci-dessous.

6. Réduisez les coutures et taillez les courbes.

7. Repassez le rentré de couture vers le bord.

8. Retournez la paramenture du dos de la jupe à l'intérieur et repassez.

9. Déposez la jupe droite sur la jupe gauche en alignant les milieux.

Surpiquez à l'extérieur du cercle jusqu'au carré en piquant à travers toutes les épaisseurs de tissu.

10. Reportez-vous à la technique 4 : finition de la couture avec une couture anglaise et faites un ourlet étroit à la machine, étapes 2-4 de la page 45. Cousez le devant au dos de la jupe en faisant des coutures anglaises.

11. Repassez les coutures vers l'arrière.

12. Mesurez la largeur de l'ourlet de la jupe. Coupez la dentelle ajourée aux mêmes dimensions en ajoutant 2,5 cm (1 po) de plus.

Cousez les extrémités de la dentelle ajourée en laissant un rentré de couture de 1,25 cm (1/2 po).

Ouvrez le rentré de couture au fer.

Cousez la dentelle ajourée au bas de la jupe, endroit contre endroit, en laissant un rentré de couture de 1,6 cm (5/8 po) et en alignant la couture de la dentelle avec la couture du milieu du dos.

Réduisez le rentré de couture à 6 mm (1/4 po) et cousez ce rentré de couture au point zigzag.

Repassez la couture vers la jupe.

13. Pour faire les plis de la partie supérieure de la jupe, ramenez la ligne pointillée sur une ligne continue dans la direction des flèches. Épinglez et faufilez les plis en place tel qu'illustré dans la photo ci-dessous.

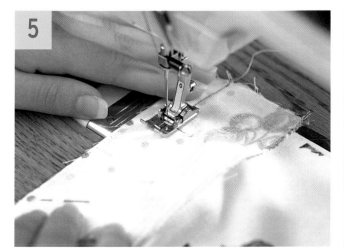

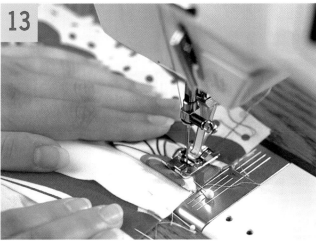

14. Épinglez et cousez le corsage à la jupe, endroit contre endroit, en faisant coïncider les milieux des devants, les coutures et le bord arrière du corsage au milieu arrière de la jupe tel qu'illustré ci-dessous. Vous devez au préalable avoir retourné la parementure arrière de la jupe vers l'extérieur.

Taillez le rentré de couture près du bord fini de la parementure arrière de la jupe.

Réduisez la couture de la parementure arrière de la jupe et celle du corsage de la jupe à 3/8 po.

Passez une couture au zigzag sur les rentrés de couture.

Retournez la parementure arrière de la jupe vers l'intérieur. Repassez la couture du corsage de la jupe vers le corsage et la couture de la parementure arrière de la jupe vers la jupe.

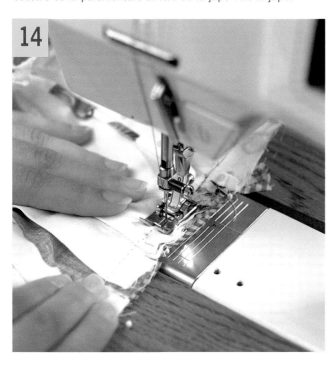

15. Consultez le glossaire à l'entrée couture ouverte à bords piqués à la page 108. Sur l'endroit du tissu, faites une couture à bords piqués sur le corsage, près de la couture.

Faire les boutonnières

1. Reportez-vous à la technique 7 : faire les boutonnières, étapes 1-4, à la page 52. Faites les boutonnières au dos du corsage et au dos droit de la jupe.

Poser les boutons

1. Reportez-vous à la technique 7 : poser les boutons, étapes 1-8, à la page 53. Cousez les boutons en place aux bretelles et au dos droit de la jupe.

Ajouter une agrafe

1. Cousez le crochet au dos gauche de la jupe, au milieu. Cousez l'œillet à l'extérieur du dos droit de la jupe tel qu'illustré dans la photo ci-dessous.

Truc des experts :

Recherchez des reproductions des imprimés des années 40 à votre magasin de tissu.

Comment coudre du velours ?

Le velours est un tissu somptueux qui a une surface veloutée. Il existe plusieurs variétés de velours comme le velours de coton, le velours côtelé, le molleton et la fausse four-rure. Les tissus de velours ont un « grain », ce qui signifie que le tissu est plus doux dans un sens que dans l'autre. Le grain affecte la couleur et la texture du tissu ; quand le grain va vers le haut, la couleur est plus profonde et plus riche.

TECHNIQUE 15

Ce qu'il vous faut pour faire un cœur :

- Instruments et fournitures de base, voir pages 12-21
- Papier de boucherie
- Tissu de velours surteint, 115,3 cm (45 po) de large
- Granules de polyester
- Rembourrage de polyester
- Graines décoratives, 11/0
- Ruban coupé en biais, 2,54 cm (1 po)
- Accessoires de décoration

Truc des experts :

- Dessiner au pochoir avec de la peinture acrylique métallique est une façon élégante de traiter le velours.

CŒUR DE VELOURS

Créer le patron

1. Dessinez un cœur de n'importe quelle forme ou dimension sur un papier de boucherie. Coupez le patron.

Disposer le patron

1. Reportez-vous à la technique 6 : disposer le patron, étapes 1-3, à la page 49. Épinglez le patron au tissu de velours surteint.

Note : Parce que le tissu est plié en deux, le grain du velours ira dans le même sens. Toutefois, vous avez le choix de décider si vous voulez que le grain du velours aille vers le haut ou vers le bas.

Couper les tissus

1. À l'aide de ciseaux, coupez simultanément les pièces du patron du devant et du dos et le tissu de velours.

2. Marquez au crayon à tissu, sur l'un des côtés, une ouverture de 7,5 cm (3 po) qui servira à retourner le tissu à l'endroit.

Faire les coutures

1. Placez le devant et le dos endroit contre endroit, en alignant les bords du bas.

2. Reportez-vous à la technique 3 : coudre les longues bordures, étape 2, à la page 33.

3. Consultez le glossaire : point de bâti à la page 107. Cousez au point de bâti le pourtour du cœur en laissant un rentré de couture de 6 mm (1/4 po). Ceci aura comme conséquence d'empêcher les épaisseurs de velours de glisser. Retirez les épingles au fur et à mesure que vous cousez.

4. Consultez le glossaire à l'entrée point arrière à la page 108. Le point arrière sert à consolider la couture.

Consultez le glossaire à l'entrée point droit à la page 108. Passez une couture en laissant un rentré de couture de 6 mm (1/4 po) et en vous assurant de laisser une ouverture sur l'une des coutures de côté.

5. Reportez-vous à la technique 2 : finition de la housse, étape 1, à la page 30. Taillez l'excédent de tissu le long des courbes et sur la pointe du cœur. Taillez le milieu supérieur du cœur jusqu'à la ligne de couture.

6. Reportez-vous à la technique 2 : finition de la housse, étape 2, à la page 30. Ouvrez le rentré de couture et repassez-le vers le bord. Repassez en repliant le rentré de couture à l'ouverture.

7. Reportez-vous à la technique 2 : finition de la housse, étape 4, à la page 30. Retournez le cœur à l'endroit en utilisant l'ouverture le long de la couture de côté.

Finition du cœur

1. Rembourrez le cœur avec les granules de polyester, puis avec le rembourrage de polyester, en alternant jusqu'à ce que le cœur soit bien rempli, mais toujours souple.

2. Consultez le glossaire : à l'entrée point d'ourlet à la page 107. Exécutez le point d'ourlet pour fermer l'ouverture. Pour ce faire, piquez l'aiguille dans le tissu du dos, à une extrémité de l'ouverture, camouflant ainsi le nœud dans le pli du tissu. Piquez ensuite l'aiguille dans le tissu du devant, repiquez l'aiguille dans le pli du tissu du dos et continuez de cette manière en faisant des points à des intervalles de 6 mm (1/4 po).

3. Coupez une longueur de fil de 183 cm (72 po). Doublez le fil et enfilez-le à travers le chas d'une aiguille à perler. Nouez toutes les extrémités du fil ensemble.

En commençant à l'endroit où le cœur a été cousu au point d'ourlet, piquez l'aiguille à travers la couture de façon à cacher le nœud dans la couture. Fixez les perles sur le pourtour du cœur en suivant la ligne de couture. Pour ce faire, faites un tout petit point arrière, enfilez une perle sur l'aiguille, faites un point arrière, puis un point avant à 6 mm (1/4 po).

Continuez à coudre les perles jusqu'à ce que le cœur soit entouré de perles. Faites un nœud au bout du fil et coupez l'excédent.

4. Consultez le glossaire à l'entrée point caché à la page 107. Pour décorer le cœur, posez un ruban coupé en biais ou toute autre décoration de votre cru que vous fixerez au point caché.

Comment coudre du tissu transparent ?

La largeur des tissus transparents est très variable, allant de 91,5 cm (36 po) pour certains tissus de soie à 3 m (120 po) pour des draperies plein jour. À cause de sa légèreté, le tissu transparent est offert dans des largeurs beaucoup plus grandes que les autres tissus. Pour faire des rideaux, il est conseillé de prévoir en fait de tissu, au moins deux fois la largeur de la fenêtre à habiller.

RIDEAU TRANSPARENT

Mesurer la fenêtre et couper le tissu

1. Mesurez la hauteur de la fenêtre. Ajoutez 10 cm (4 po) pour l'ourlet et 11,25 cm (4 po 1/2) pour la coulisse et le volant du haut.

Note : Ajoutez un peu plus de longueur si vous prévoyez attacher le rideau.

2. Reportez-vous à comment me servir d'un couteau rotatif ? aux pages 22-23. Coupez le tissu transparent selon les dimensions requises et coupez les lisières si nécessaire.

Faire les coutures

1. Le tissu placé à l'envers, pliez de 2,2 cm (7/8 po) l'une des longues bordures, repassez puis repliez-la sur elle-même à nouveau avant de la repasser une seconde fois.

En repassant, épinglez la bordure avec des épingles de couturière placées à la verticale.

2. Consultez le glossaire à l'entrée point arrière à la page 108. Le point arrière sert à consolider la couture.

Consultez le glossaire à l'entrée point droit à la page 108. Le tissu toujours à l'envers, passez une couture le long du rebord plié pour faire l'ourlet de l'un des côtés du rideau. Repassez. Retirez les épingles au fur et à mesure que vous cousez.

3. Répétez les étapes 1 et 2 ci-dessus pour l'autre longue bordure.

4. Le tissu toujours placé à l'envers, repliez la bordure du bas de 5 cm (2 po) et repassez. Repliez la bordure sur elle-même à nouveau et repassez-la une seconde fois.

En repassant, mettez les épingles en place.

5. Le tissu toujours placé à l'envers, passez une couture le long du rebord plié pour faire l'ourlet de l'autre côté du rideau. Repassez.

TECHNIQUE 16

Ce qu'il vous faut pour faire un rideau :

- Instruments et fournitures de base, voir pages 12-21
- Tissu transparent, 0,9 m à 3 m (120 po) de large
- Ruban de masquage

6. Le tissu toujours placé à l'envers, repliez le bord supérieur de 11,25 cm (4 po 1/4) et repassez.

Placez un morceau de ruban à masquage à 5 cm (2 po) à droite de l'aiguille de la machine à coudre.

7. Pour faire le volant du haut, alignez le bord supérieur replié du rideau avec le ruban et passez une couture. Les points devront être à 5 cm (2 po) du bord replié.

8. Repassez le reste du bord en le pliant d'un 1,25 cm (1/2 po). Le tissu toujours à l'envers, passez une couture très près du bord replié afin de former la coulisse pour passer la tringle.

Poser le rideau

1. Installez les supports de fixation de chaque côté de la fenêtre en suivant les instructions du fabricant.

Glissez la tringle à travers la coulisse du rideau et fixez la tringle sur les supports.

Comment coudre du molleton ?

Le molleton est offert dans une grande variété d'épaisseurs et de textures. Ce molleton est connu sous le nom de sherpa parce qu'il ressemble un peu à la laine du mouton. Ce tissu ne nécessite pas de couture de finition. Toutefois, à cause de son épaisseur, les rentrés de couture doivent être réduits à 6 mm (1/4 po), puis surjetés ou surpiqués pour en réduire le volume.

POUR FAIRE UN PETIT CANARD TOUT DOUX :

Préparer le patron

1. Agrandissez de 150 % le patron du canard de la page 90. Découpez-le.

Disposer le patron

1. Reportez-vous à la technique 6 : disposer le patron, étapes 1-3, à la page 49. Épinglez le patron au tissu sherpa.

Couper le tissu

1. Avec les ciseaux, taillez le tissu en suivant le patron, en coupant simultanément un devant et un dos au canard.

2. Découpez deux becs dans le feutre orange, deux yeux dans le feutre turquoise pâle et deux globes oculaires dans le feutre turquoise plus foncé.

Coudre le bec et les yeux

1. Placez un bec sur le devant tel qu'indiqué sur le patron, placez l'autre bec sur le dos du canard. Consultez le glossaire à l'entrée point de surfil à la page 107. Surfilez les becs le long du bord intérieur en utilisant deux brins de fil à broder.

À l'intérieur, taillez les becs à 3 mm (1/8 po) de la couture.

Surfilez à l'extérieur des bords des becs en utilisant deux brins de fil à broder.

2. Placez les yeux sur les globes oculaires, cousez-les, puis placez-les ensuite sur le devant du canard tel qu'indiqué sur le patron. Surfilez en place en utilisant deux brins de fil à broder.

TECHNIQUE 17

Ce qu'il vous faut
pour faire un canard :

- Instruments et fournitures de base, voir pages 12-21
- Tissu sherpa, 137 cm (54 po) de large, pour le corps du canard
- Retailles de feutre de laine, turquoise, turquoise pâle et orange pour les yeux et le bec
- Ruban transparent, 3,25 cm (1 po 1/2) de large, pour la boucle
- Des plumes pour le sommet de la tête et la queue
- Du fil à broder
- Du rembourrage de polyester

Coudre les coutures

1. Épinglez ensemble, envers contre envers, le devant et le dos du canard, en piquant les épingles à la verticale.

Glissez une plume entre les deux épaisseurs au sommet de la tête et fixez-la avec une épingle de couturière. Glissez une autre plume entre les deux épaisseurs de la queue et fixez-la avec une épingle.

2. Consultez le glossaire à l'entrée point zigzag à la page 108. Passez une couture au point zigzag sur la ligne de couture en laissant un rentré de couture de 1/8 po, tout en vous assurant de laisser une ouverture sur l'une des coutures tel qu'indiqué sur le patron du canard. Retirez les épingles au fur et à mesure que vous cousez.

La finition du canard

1. Remplissez le canard avec le rembourrage de polyester.

2. Fermez l'ouverture au point zigzag.

3. Attachez le ruban au cou du canard et faites une boucle.

Conseils :

• Sur les vêtements, il est préférable d'utiliser un point machine extensible qui aura l'avantage de pouvoir s'étendre avec le tissu plutôt que de casser lorsque soumis à une trop grande tension.

• Le molleton a un sens. Assurez-vous de disposer les pièces du patron de telle sorte que le sens soit toujours dans la même direction, soit vers le haut, soit vers le bas, pour toutes les pièces du patron, sinon il y aura une différence de couleur entre les pièces.

Patron du canard

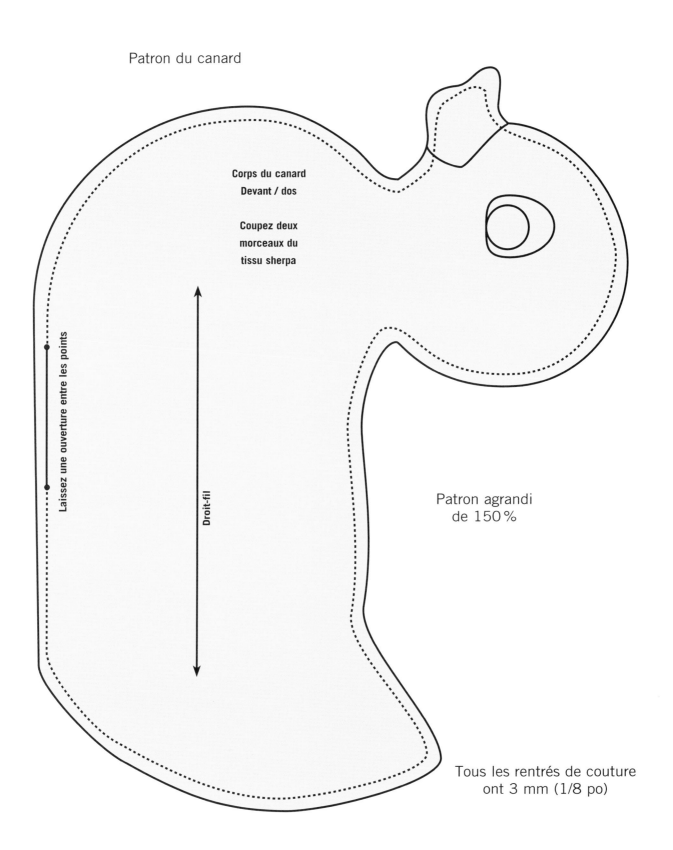

Corps du canard
Devant / dos

Coupez deux
morceaux du
tissu sherpa

Laissez une ouverture entre les points

Droit-fil

Patron agrandi
de 150 %

Tous les rentrés de couture
ont 3 mm (1/8 po)

Comment coudre de la fausse fourrure ?

Les fausses fourrures sont offertes dans une grande variété de textures, quelquefois aussi douces et somptueuses que le velours ou aussi hirsutes que la fourrure du « Grincheux ». Le tissu à poil long fait partie des fausses fourrures. Lorsque vous travaillez avec du tissu à poil long, assurez-vous de repousser les poils loin de la couture lorsque vous cousez.

JETÉ DE PIANO

Couper les tissus

1. Reportez-vous à comment me servir d'un couteau rotatif ? aux pages 22-23. Coupez un rectangle de 63,5 cm (25 po) de large x 112 cm (44 po) de long dans le tissu à poil long, pour faire le dessus du jeté de piano.

Coupez la fausse fourrure 63,5 cm (25 po) de large x 23 cm (9 po) de long pour les extrémités.

Coupez une bande de 73,5 cm (29 po) de large x 157,5 cm (62 po) de long pour le dessous et deux bandes de 63,5 cm (25 po) de large x 5 cm (2 po) de long dans le tissu doupion pour les bordures.

Coudre les extrémités et la bordure

1. Placez le dessus par-dessus l'extrémité, endroit contre endroit, en alignant les côtés de 63,5 cm (25 po).

Note : Assurez-vous de coucher les poils longs vers la gauche pendant que vous cousez.

2. Épinglez les deux épaisseurs de tissu ensemble en plaçant les épingles à la verticale.

3. Consultez le glossaire à l'entrée point arrière à la page 108. Le point arrière sert à consolider la couture.

Consultez le glossaire à l'entrée point droit à la page 108. Passez une couture droite en laissant un rentré de couture de 1,25 cm (1/2 po) tel qu'illustré dans la photo ci-dessous. Retirez les épingles au fur et à mesure que vous cousez.

4. Repassez le rentré de couture vers l'extrémité.

5. Répétez les étapes 1-4 qui précèdent et passez une autre couture pour relier l'autre extrémité au dessus.

TECHNIQUE 18

Ce qu'il vous faut pour faire un jeté de piano :

- Instruments de base et fournitures, voir pages 12-21
- Tissu à poil long, 112 cm (44 po) de large, pour le dessus
- Fausse fourrure, 137 cm (54 po) de large, pour les extrémités
- Tissu doupion, 112 cm (44 po) de large, pour la bordure

Coudre les longues bordures

1. Reportez-vous à la technique 3 : Coudre les longues bordures, étapes 1-5, à la page 33. Passez une couture en laissant un rentré de couture de 1,25 cm (1/2 po).

2. Repassez la couture vers le dessous.

3. Répétez les étapes 1-2 ci-dessus et cousez la longue bordure restante. Toutefois, vous devrez laisser dans cette couture une ouverture pour pouvoir retourner le jeté à l'endroit. Pour ce faire, ne cousez pas sur une longueur de 12,7 cm (5 po) près du centre.

4. Épinglez et cousez les bandes de 5 cm (2 po) de long aux extrémités en alignant les côtés de 63,5 cm (25 po).

5. Repassez le rentré de couture vers la bordure.

6. Répétez les étapes 1-5 ci-dessus et cousez l'autre bordure aux extrémités.

Coudre les bordures courtes

Note : les tissus doivent toujours être posés endroit contre endroit.

1. Positionnez les tissus de telle sorte que le dessus soit centré sur le dessous avec une bordure de 2,5 cm (1 po) de chaque côté.

2. Épinglez et cousez une première bordure courte en laissant un rentré de couture de 1,25 cm (1/2 po).

3. Répétez l'étape 2 ci-dessus et cousez la seconde bordure courte.

Finition du jeté de piano

1. Reportez-vous à la technique 2 : finition de la housse, étape 1, à la page 30. Enlevez l'excédent de tissu à chaque coin.

2. Reportez-vous à la technique 2 : finition de la housse, étape 2, à la page 30. Repassez les coutures vers le bord.

3. Reportez-vous à la technique 2 : finition de la housse, étape 4, à la page 30. Retournez le jeté de piano à l'endroit en utilisant l'ouverture qui se trouve sur le côté.

Note : Si nécessaire, une épingle peut être utilisée pour vous aider à faire ressortir le coin. Faites attention de ne pas tirer les fils du tissu.

4. Ajustez les tissus de façon à laisser une bordure de 2,5 cm (1 po) le long du côté du dessous et repassez.

5. Prenez une aiguille pour coudre à la main, enfilez-la avec une bonne longueur de fil et nouez les extrémités ensemble.

6. Consultez le glossaire à l'entrée : point d'ourlet à la page 107. Exécutez le point d'ourlet pour fermer l'ouverture. Pour ce faire, piquez l'aiguille dans le tissu, à une extrémité repliée de l'ouverture, camouflant ainsi le nœud dans le pli du tissu. Piquez ensuite l'aiguille dans le tissu directement opposé, au point de sortie de l'aiguille, le long de la ligne de couture, puis repiquez l'aiguille dans le pli du tissu et continuez de cette manière en faisant des points à des intervalles de 1,25 cm (1/2 po).

7. Consultez le glossaire à l'entrée surpiqûre à la page 108. Pour que le jeté de piano reste bien à plat, faites une surpiqûre autour de tous les bords qui se rapprochent du bord intérieur de la bordure.

Chapitre 3
Galerie

Mary Jo Hiney

Mary Jo Hiney est une auteure et conceptrice pigiste qui travaille dans l'industrie textile et en artisanat. Elle nous livre ici généreusement les secrets de son savoir-faire glanés au fil des ans.

Mary Jo Hiney adore coudre et choisir ses tissus, tout spécialement dans des magasins de tissu classiques qui emploient des gens qui s'y connaissent en textile.

Elle est experte en couture et doit sa connaissance de base en couture à sa mère, qui a elle-même appris à coudre au secondaire avec un professeur très exigeant.

Mary Jo Hiney se spécialise dans la fabrication d'objets cadeaux et d'accessoires décoratifs. Ses pièces uniques allient la beauté à l'utilité.

Mary Jo Hiney est l'auteure des livres suivants : The Beaded Object, Romantic Silk Ribbon Keepsakes, Two-Hour Vests, Beautiful Foundation-Pieced Quilt Blocks, Creating with Lace et Fabulous Fabric Embellishments.

Tobi Klein Designs

Tobi Klein est née à New-York en 1953. Elle a une maîtrise en beaux-arts avec une concentration en design du textile de l'Institut de Technologie de Rochester.

Après avoir enseigné durant de nombreuses années, elle s'installe à Boston et devient gérante d'une galerie d'artisanat. Peu après, Tobi Klein se met à dessiner des bijoux et des sacs à main en utilisant les matériaux qu'elle avait collectionnés au fil des ans, comme des boutons, des décorations, des tissus, etc.

Le travail de Tobi Klein est en constante évolution. Elle a ajouté récemment la soie et la feutrine comme matériaux à sa collection de sacs du soir. Son travail est exposé dans les galeries et vendu dans des boutiques spécialisées à travers les États-Unis.

Whimble Designs

Martha Young et son mari, Jock McQuilkin, sont les fondateurs de l'entreprise Whimble Designs Inc.

Depuis plusieurs années, Martha s'amuse à créer des personnages en trois dimensions ornés de dentelles anciennes, de boutons de collection et d'autres matériaux uniques. Elle décrit sa démarche artistique comme « une immersion dans un monde d'enchantement et d'élégance où chaque vision mène à une autre » et le résultat est un monde fascinant et féerique.

Whimble Designs est à la fois un lieu de résidence, un studio, un atelier et une salle de montre où les personnages de Martha et leurs histoires sont inextricablement reliés. Connu aussi sous le nom de « Place enchantée », ce petit monde vit, joue et travaille au gré de la fantaisie de Martha. Vous pouvez trouver des patrons de ces personnages dans le livre de Martha Young « The World of Whimble Whimsey » publié aux éditions Sterling/Chapelle.

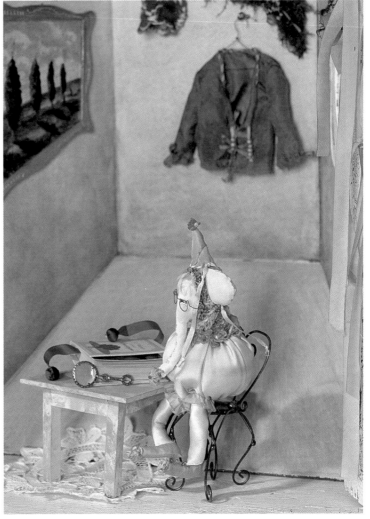

Anita Louise Crane

Anita Louise Crane dessine, crée, photographie, peint, écrit et trouve des débouchés pour ses créations depuis 1981.

Anita est surtout connue pour ses oursons plein d'originalité. Elle a déjà été conceptrice de robe de mariée et couturière. Elle a été propriétaire d'une boutique, The Bearlace Cottage, à Colorado Springs, dans l'État du Colorado, puis d'une autre, cette fois à Parc City, dans l'État de l'Utah. Dans ces boutiques, on retrouve ses fameux oursons ainsi que d'autres objets de collection comme des vêtements en dentelles anciennes, des meubles antiques, des dentelles, des toiles de lin ainsi que ses peintures.

Anita Louise Crane habite à Park City, en Utah avec son mari Bruce et son chat Raisen. Elle se passionne également pour la décoration intérieure et fabrique des abat-jour, des couvre-lits et des rideaux.

Vous pouvez trouver les patrons pour faire ces merveilleux vêtements de poupée dans son livre Two-Hour Dolls'Clothes, publié par la maison d'édition Sterling / Chapelle.

GLOSSAIRE

Barrettes de renfort

Des points zigzag plus larges en haut et en bas d'une boutonnière pour la renforcer.

Biais

Le biais d'un tissu est la rencontre en diagonale des fils de la trame et de la chaîne d'un tissu. Le tissu coupé sur le biais a presque autant d'élasticité qu'un tricot. Le biais est à un angle de 45 degrés lorsque la trame et la chaîne sont perpendiculaires.

Bord brut

Le bord non fini, coupé d'une pièce de tissu.

Cacher les bouts de fil

Une méthode pour cacher les fils cousus à la main en piquant l'aiguille dans le tissu à côté du nœud pour ressortir environ 2,5 cm (1 po) plus loin et ainsi de suite. Le fil sera coupé au prochain point de sortie et le fil se perdra entre les épaisseurs de tissu.

Capitonner

L'opération qui consiste à coudre à travers une surface rembourrée ou matelassée pour produire un renfoncement permanent.

Chaîne

Les fils verticaux, plus résistants, sur lesquels sont tissés les fils de la trame.

Coulisse

Une coulisse est un espace créé dans un vêtement, une housse, un sac à main ou dans tout autre accessoire utilisé pour fermer une ouverture.

Couper au marquage

Faire une fente dans le rentré de couture à un repère bien spécifique pour faciliter l'assemblage.

Couper les coutures incurvées

Pratiquer des fentes dans le rentré de couture à un intervalle de 1,25 cm à 5 cm (1/2 po à 2 po), dans une couture incurvée vers l'intérieur. Dans une couture incurvée vers l'extérieur, il faut faire des encoches dans le rentré de couture à un intervalle de 1,25 cm à 5 cm (1/2 po à 2 po). Ceci permet de donner à la couture, lorsque repassée, un aspect bien plat, tout en éliminant la tension ou le tirage.

Couper l'excédent

Retirer l'excédent de tissu à un coin en coupant le coin en diagonale, en laissant un rentré de couture de 1/8 –1/4 po. Réduire aussi l'excédent de tissu du rentré de couture qui se trouve près du coin.

Couture

L'assemblage de deux pièces de tissu par une ligne de points.

Doublure

Une réplique presque identique du vêtement ou de l'accessoire que l'on coud à l'intérieur et qui cache toutes les coutures.

Droit-fil

La direction des fils qui sont parallèles à la lisière. Placer toutes les flèches du droit-fil le long de la chaîne du tissu.

Encoches

Les encoches sont des marques en forme de triangle que l'on retrouve principalement dans les patrons du commerce, utilisées comme repères pour aligner les coutures.

Endroit contre endroit

Superposer les tissus de telle sorte que l'endroit de chaque tissu soit placé face à face.

Enfiler l'aiguille

L'opération qui consiste à passer un fil à travers le chas d'une aiguille.

Entoilage

Un tissu tissé ou non qui est utilisé pour donner une forme à certains détails d'assemblage dans un vêtement ou un accessoire. L'entoilage donne du corps aux bords, aux poignets, collets et aux poches. Il empêche les encolures et les boutonnières de se détendre. Il existe deux types d'entoilage, ceux que l'on colle, les toiles thermocollantes, et ceux que l'on coud.

Envers contre envers

Superposer les tissus de telle sorte que l'envers de chaque tissu soit placé face à face.

Fente

Un coup de ciseaux donné dans un rentré de couture à différentes fins. Il ne faut jamais couper à travers la couture.

Feuillets d'instructions

Un guide détaillé que l'on retrouve à l'intérieur des pochettes de patrons commerciaux. Le guide inclut des directives générales de couture, une liste des symboles de marquages utilisés, des instructions précises pour les tracés de coupe inclus dans la pochette, un plan de coupe pour chaque patron ainsi que des instructions détaillées.

Galon

Une bande étroite de tissu qui varie de 3 mm (1/8 po) à 12 cm (5 po) de largeur et qui comprend des bandes brodées, pailletées ou frangées et des rubans.

Grain

C'est la surface pelucheuse, duveteuse d'un tissu à texture comme le velours.

Granules de polyester

Un produit utilisé pour rembourrer des poupées, des jouets ou des coussins, qui ajoute du poids et de la souplesse à la partie rembourrée. Peut être utilisé avec ou sans rembourrage de polyester.

Interrompre la couture

Le processus d'arrêter de faire des points dans une couture ; ce processus comprend le point arrière de 1,25 cm (1/2 po), la remise en place de l'aiguille, et la reprise de la couture ailleurs en faisant un nouveau point arrière.

Ligne de couture

L'endroit exact où le vêtement ou accessoire doit être cousu.

Ligne de pliure

Un marquage qui indique l'endroit où le tissu doit être plié pour faire des bâtis comme des plis et des pinces.

Lisière

La bordure étroite, plate, tissée qui délimite le tissu et qui résulte du tissage du tissu.

Longueur de point

La dimension du point, à la main ou à la machine.

Marquage

C'est la transposition de détails de confection du patron au tissu en se servant de crayons à tissu, de craies de tailleur, de papiers calques. Le marquage se fait tout de suite après avoir coupé les pièces du patron.

Milieu du devant

Une ligne qui sert à marquer le milieu du devant d'un vêtement ou d'un accessoire.

Milieu du dos

Une ligne qui sert à marquer le milieu arrière d'un vêtement ou d'un accessoire.

Pince

Pli se terminant en pointe qui permet au vêtement de s'ajuster à la forme du corps en donnant de l'ampleur aux formes féminines.

Pli

Un pli qui est fait dans le tissu en le repliant sur lui-même de différentes façons dans le but de donner une ampleur au vêtement ou pour ajouter un détail décoratif.

Points à la machine :

• **Point arrière** - Une étape importante avant de commencer à faire une couture. Faire un point avant et un point arrière puis continuer à faire la couture. Commencez toutes vos coutures de cette façon afin de consolider la couture. Le point arrière, en général, n'est pas utilisé pour faire du matelassé.

• **Couture à bords piqués** – Un point à la machine très utile qui se place très près de la couture, soit sur l'endroit ou l'envers du vêtement.

• **Point de bâti à la machine** – Couture préliminaire utilisée pour maintenir ensemble les pièces avant de passer la couture définitive.

• **Point à froncer** – Couture en double rangée utilisant une longueur de point plus grande. La première couture est placée sur la ligne de couture, la seconde, à 2 mm - 6 mm (1/16 - 1/4 po) de la première. Lorsque l'on tire délicatement sur un fil de chaque rangée, le tissu se fronce.

• **Point de soutien** – Couture préliminaire servant à maintenir la forme et la dimension d'une couture, d'une encolure ou d'autres détails de confection.

• **Point droit** – La couture de base exécutée avec le mouvement naturel vers l'avant de la machine à coudre. Utilisez la plaque à aiguille comme guide. Connu aussi sous le nom de couture droite.

• **Surpiqûre sur couture rabattue** – Une couture que l'on exécute sur une couture dont les rentrés de couture ont été repassés l'un sur l'autre. La couture donne une certaine raideur au vêtement sans être apparente.

• **Surpiqûre** – Une couture décorative que l'on exécute sur l'endroit du tissu, parallèlement à une couture ou à un bord, avec ou sans fil spécial.

• **Point zigzag** – Le mouvement de va-et-vient de la machine à coudre sert à surjeter les rentrés de couture pour empêcher qu'ils ne s'effilochent. Le point zigzag peut aussi servir comme couture décorative.

Points à la main :

• **Point de bâti** – Voir point devant.

• **Point caché** – faire de petits points qui soient le moins apparents que possible.

• **Point devant** – Le point de couture le plus élémentaire utilisé pour faire des fronces et des bâtis. Avec une aiguille et un fil auquel vous aurez noué les extrémités, piquez un fil auquel vous aurez noué les extrémités, piquez et ressortez l'aiguille du tissu en faisant des points d'une longueur d'environ 1/8 po. Tirez sur le fil si vous voulez froncer le tissu.

• **Point d'ourlet** – Un point à la main utilisé pour faire des ourlets, pour fermer des ouvertures, pour fixer des doublures et poser des galons et des appliqués de tissu. Ce point est pratiquement invisible.

• **Point de surfil** – Le point de surfil est un point exécuté sur une couture ou sur un bord en diagonale avec des points à intervalle régulier. Ce point était utilisé pour finir une couture avant l'invention du point zigzag.

Prélavé

Se dit des tissus qui ont été lavés et séchés avant d'être taillés. Cette opération élimine le risque que le vêtement ou accessoire rapetisse au lavage. Toutefois, avant de laver le tissu, assurez-vous que le tissu en question ne demande pas de nettoyage à sec.

Rabattre

Replier et repasser un bord brut sur lui-même, envers contre envers, créant un bord bien fini sur l'endroit du tissu.

Rentré de couture

L'excédent de tissu que l'on retrouve le long de la ligne de couture.

Répartir l'aisance

Ajuster deux épaisseurs de tissus qui n'ont pas tout à fait la même longueur.

Repassage vers le bord

Un repassage préliminaire qui expose la ligne de couture lorsque le vêtement est retourné à l'endroit. On l'utilise lorsqu'il est impossible d'ouvrir la couture au fer.

Repasser

Étape essentielle pour ouvrir et aplatir les rentrés de couture au moyen d'un fer chaud ainsi que tout autre détail de confection, avant et après l'assemblage.

Retourner à l'endroit

Retourner un vêtement ou un accessoire à l'endroit.

Roulotté

Le roulotté est un ourlet très étroit, 32 mm à 64 mm (1/8 à 1/4 po) de large, utilisé pour les tissus légers. On l'exécute avec la technique de la couture rabattue ou en utilisant un pied-de-biche ourleur.

Sens du tissu

Les fils parallèles et perpendiculaires à la lisière forment le sens du tissu. Voir biais, trame et chaîne.

Soufflet

Une pièce de tissu qui est insérée dans une couture pour donner de l'ampleur, du style à un vêtement.

Thermocollant

Se dit d'une fourniture comme la toile thermocollante que l'on colle à la surface d'un tissu à l'aide d'un fer chaud.

Trace-cercles

Instrument de plastique avec des cercles à découper, placés par ordre de grandeur.

Tracé pour pliure

Un marquage qui indique que le centre du patron doit être placé sur le bord plié du tissu. Lorsque la coupe sera faite, un côté gauche et droit du patron auront été automatiquement taillés dans le tissu.

Trame

La direction des fils qui vont d'une lisière à l'autre, perpendiculaire à la chaîne. En général, on retrouve un peu de souplesse dans la trame.

INDEX

Bordure en biais	67		Jeté pour piano	91-93
Boutonnières	51		Molleton	88
Canard en peluche	88		Ourlet à la machine	40-41
Capitonnage	58		Ourlet à la main	42-43
Cœur de velours	84-85		Ourlet décoratif à la machine	46-47
Comment utiliser ce livre	9		Ouvrir au fer	40-41
Coudre pour la première fois	8		Patron	77
Coulisse	59		Pochette avec fermeture à glissière	63-66
Coussin à volants	72-76		Point de soutien	55
Coussin capitonné	55-58		Point droit	27
Coussin de base	28-30		Point zigzag	42-43
Couture anglaise	44-45		Remerciements	110
Couture droite	28		Rideau transparent	86-87
Couture rabattue piquée	46-47		Robe d'été de fillette	77-83
Crane, Anita Louise	95, 104-105		Roulotté	44-45
Créations Whimble	95, 100-103		Sac à main doublé	48-54
Créations Tobi Klein	99		Sac pour pyjama	59-62
Doublure	49		Serviettes à main décorées	26-27
Fausse fourrure	91		Soufflet	55
Fermeture à glissière	63		Surpiqûre	31
Finition d'ourlet	39-47		Taie d'oreiller	36-47
Finition d'une couture	39-47		Tissu transparent	86
Grain	84		Vide-poches suspendu	67-71
Glossaire	106-109		Velours	84
Introduction	8		Volant	73
Jeté de table réversible	31-35			